全国高职高专

HUIZHAN

会展策划与管理
专业规划教材

教育部高等学校工商管理教学指导委员会旅游会展专业组 规划教材

会议运营管理

主 编 谭红翔　　副主编 季永青 杨媛坤　　（第2版）

重庆大学出版社

内 容 提 要

本书以会议运营管理的全过程为主线,介绍了会议运营管理过程中各个环节的知识和技能。本书内容详略得当,基础知识以适量、够用为度,重在操作技能、实训,具有较强的针对性和实用性。

本书可作为高职高专会展策划与管理专业和旅游类专业的教学用书,也可作为相关专业人士提高业务能力的培训用书。

图书在版编目(CIP)数据

会议运营管理 / 谭红翔主编. -- 2 版. -- 重庆：
重庆大学出版社, 2014.1 (2024.7 重印)
全国高职高专会展策划与管理专业系列教材
ISBN 978-7-5624- 4197-7

Ⅰ.①会… Ⅱ.①谭… Ⅲ.会议—组织管理学—高
等职业教育—教材 Ⅳ.①C931.47

中国国家版本馆 CIP 数据核字(2024)第 022958 号

全国高职高专会展策划与管理专业系列教材
会议运营管理
(第 2 版)
主 编 谭红翔
副主编 季永青 杨媛坤
主 审 吴 虹
责任编辑:顾丽萍 陶学梅 版式设计:顾丽萍
责任校对:谢 芳 责任印制:张 策
*
重庆大学出版社出版发行
出版人:陈晓阳
社址:重庆市沙坪坝区大学城西路 21 号
邮编:401331
电话:(023) 88617190 88617185(中小学)
传真:(023) 88617186 88617166
网址:http://www.cqup.com.cn
邮箱:fxk@ cqup.com.cn (营销中心)
全国新华书店经销
重庆正文印务有限公司印刷
*
开本:720mm×960mm 1/16 印张:13.75 字数:240 千
2014 年 1 月第 2 版 2024 年 7 月第 12 次印刷
印数:19 501—20 500
ISBN 978-7-5624-4197-7 定价:37.00 元

编委会

主　任:马　勇

副主任:田　里　高　峻　罗兹柏
　　　　谢　苏　邓晓益

委　员:(以姓氏笔画为序)
　　　　马克斌　王　芬　王　斌
　　　　王　瑜　韦晓军　刘红霞
　　　　许传宏　苏　英　吴亚生
　　　　吴　虹　陈　颖　陈　薇
　　　　杨　林　杨朝晖　杨　煌
　　　　张　佶　张金祥　张树坤
　　　　张显春　张跃西　林大飞
　　　　郑建瑜　夏桂年　梁圣蓉
　　　　谭红翔

总　序

进入 21 世纪以来,随着中国社会经济的飞速发展,综合国力的不断增强,国际贸易发展的风驰电掣,会展经济随之迅速成为中国经济的新亮点,在中国经济舞台上扮演着越来越重要的角色,正逐渐步入产业升级的关键时期。这一时期,会展业持续快速发展的关键是需要大量的优秀专业人才作为支撑,而目前市场还存在很大的会展专业人才供给缺口。为了适应国内对会展人才需求日益增长的需要,我国各类高校纷纷开设了会展专业或专业方向。据不完全统计,截至 2011 年 7 月,在全国范围内(不含港澳台)开设会展专业的高校达 96 所,涵括专业方向的高校(包括本科、高职高专院校)则已超过百所,这在一定程度上缓解了我国会展人才紧缺的现状。但是由于我国会展教育起步较晚,在课程体系设计、教材建设和师资队伍建设等方面还有待完善,培养出来的学生在知识结构、职业素养和综合能力等方面往往与市场需求不对称。尤其是目前国内会展教材零散、低层次重复并且缺乏系统性的状况比较突出,很大程度上制约了我国会展教育和会展业的发展。因此,推出一套权威科学、系统完善、切合实用的全国高职高专会展策划与管理专业系列教材势在必行。

中国的会展教育发展刚刚超过 10 年时间,但我国的会展教育经过分化发展,已经形成了学科体系的基本雏形。如今,会展专业已经形成中等职业教育、高职高专、普通本科和研究生教育这样完整的教育层次体系,这展示了会展教育发展的历程和成果,同时也提出了学科建设中的一些迫切需要解决和面对的问题。其中最重要的一点,就是如何在不同教育层次和不同的教育类型上对会展教育目标和教育模式进行准确定位。为此,重庆大学出版社策划组织了国内众多知名高等院校的著名会展专家、教授、学科带头人和一线骨干教师参与编写了这套全国高职高专会展策划与管理专业系列教材,以适应中国会展业人才培养的需要。本套教材的修订出版旨在进一步完善全国会展专业的高等教育体系,总结中国会展产业发展的理论成果和实践经验,推进中国会展专业的理论发展和学科建设,并希望有助于提高中国现代会展从业人员的专业素养和理论功底。

本套教材定位于会展产业发展人才需求数量最多和分布面最广的高职高专教育层次,是在对会展职业教育的人才规格、培养目标、教育特色等方面的把握和对会展职业教育与普通本科教育的区别理解以及对发达国家会展职业教育的借鉴基础上编写而成的。另外,重庆大学出版社推出的这套全国高职高专会展策划与管理专业系列教材,其意义将不仅仅局限在高职高专教学过程本身,而且还会产生巨大的牵动和示范效应,将对高职高专会展策划与管理专业的健康发展产生积极的推动作用。

在重新修订出版这套教材的过程中,我们力求系统、完整、准确地介绍会展策划与管理专业的最新理论成果,围绕培养目标,通过理论与实际相结合,构建会展应用型高职高专系列教材特色。本套教材的内容,有知识新、结构完整、重应用等特点。教材内容的要求可以概括为:"精、新、广、用"。"精"是指在融会贯通教学内容的基础上,挑选出最基本的内容、方法及典型应用;"新"指尽可能地将当前国内外会展产业发展的前沿理论和热点、焦点问题收纳进来以适应会展业的发展需要;"广"是指在保持基本内容的基础上,处理好与相邻及交叉学科和专业的关系;"用"是指注重理论与实际融会贯通,突出职业教育实用型人才的培养定位。

本套教材的编写出版是在教育部高等学校工商管理类学科专业教学指导委员会旅游与会展专业组的大力支持和具体指导下,由中国会展教育的开创者和著名学者、国内会展旅游教育界为数仅有的国家级教学成果奖获得者和国家级精品课程负责人,教育部高等学校工商管理类学科专业教学指导委员会旅游与会展专业组组长、中国会展经济研究会创会副会长马勇教授担任总主编。参与这套教材编写的作者主要来自于上海旅游高等专科学校、上海工程技术大学、上海新侨职业技术学院、湖北大学、武汉职业技术学院、湖北经济学院、湖北职业技术学院、浙江旅游职业学院、桂林旅游高等专科学校、广西国际商务职业技术学院、金华职业技术学院、昆明冶金高等专科学校、昆明学院、沈阳职业技术学院、广东交通职业技术学院、顺德职业技术学院、深圳职业技术学院等全国

40多所知名高校。在教材的编写过程中，重庆大学出版社还邀请了全国会展教育界、政府管理界、企业界的知名教授、专家学者和企业高管进行了严格的审定，借此机会再次对支持和参与本套教材编审工作的专家、学者和业界朋友表示衷心的感谢。

本套教材的第一批选题已于2007年7月后陆续出版发行了21本，被全国众多高职院校以及会展企业选作学生教材和培训用书，得到广大师生和业界专家的广泛认可和积极使用。这套教材中一部分已被列选为国务院国资委职业技能鉴定和推广中心全国"会展管理师"培训与认证的唯一指定教材，以及全国会展策划与管理专业师资培训用书，等等。本套教材的作者队伍大多是国内会展学科领域的带头人和知名专家，涉及的专业领域十分广泛，包括了经济学、管理学、工程学等多方面；参与编写的会展业界人士，不仅长期工作在会展管理领域的第一线，而且许多还是会展业界精英。另外，作为国内高校第一套全国高职高专会展策划与管理专业系列教材，在选材内容和教材体系方面都是动态开放的。随着中国会展业的持续健康发展，为确保系列教材的前沿性和科学性，我们也会不断对该套教材进行再版修订，以及增补新的选题，欢迎各高校会展学科的学术带头人和骨干教师积极申报选题并参与编撰！

本套教材由于选题涉及面广、加之编写修订时间紧，因而不足和错漏之处在所难免，恳请广大读者和专家批评指正，以便我们不断完善。最后，我们期待这套新修订出版的全国高职高专会展策划与管理专业系列教材能够继续得到全国会展专业广大师生的欢迎和使用，能够在会展教育方面，特别是在高职高专教育层次的人才培养上起到积极的促进作用，共同为我国会展业的发展作出贡献。

全国高职高专会展策划与管理专业系列教材
编 委 会
2013 年 2 月

第 2 版前言

本书作为重庆大学出版社为全国高职高专会展策划与管理专业组织编写的系列教材之一，按照培养既有必要基础理论知识，又有较强实践动手能力的高技能实用性人才的目标，根据会展策划与管理专业学生应掌握的会议运营管理的知识和技能，以会议运营管理的全过程作为主线，从会议策划到会议评估，逐步阐述每一环节的相关知识和技能。通过学习和训练，学生可了解会议运营管理的整个过程和运行中每个步骤的相关知识，掌握相应的技能，从而基本具备进行会议运营管理的能力和素质。

本书自 2007 年出版以来，经过众多高职院校使用后得到广泛肯定和好评。为适应会展发展的需要，现对本书进行修订，以使其不断丰富和完善。

本书以使学员掌握相关知识，培养应用能力为基本思路，基础知识适量，以有助于培养能力为准，够用为度，技能培养和训练相对加强，许多技能点用实际案例、图表来反映，直观通俗，对学员具有较强的启发性和可操作性，易于理解并掌握相关知识和技能。在每一章节后根据教学重点有针对性地要求学员完成复习思考题、实训，同时分析参考案例，使学员学完就能仿做、应用，取得实用效果。

本书适用于高职高专会展策划与管理专业及文秘、饭店管理等管理专业教学使用。除高职高专用书外，对相关领域和企事业单位从事相关工作人员也是一本实用性较强的参考书。

本书由谭红翔主编，季永青、杨媛坤副主编，冯嘉洁、邹顺乾、李剑泉参编。谭红翔负责全书总体设计、大纲编写、统稿、定稿工作，并编写了第1，2章；季永青负责第3，4，5章的编写；杨媛坤负责第6章的编写；冯嘉洁、邹顺乾、李剑泉参加了案例选用、文字编排录入、校对等工作；全书由吴虹主审。以上编者全是昆明冶金高等专科学校教师。

编　者

2014 年 1 月

目 录 CONTENTS

第1章
绪　论

【本章导读】

　　本章作为会议运营管理的开篇,主要介绍会议的基本概念,明确会议特点和定义、会议活动的基本构成要素以及会议类型、会议的作用,使学习者对会议认识从感性上升到理论,加强对会议相关知识的理解。

【关键词汇】

　　会议的概念　构成要素　类型　作用

1.1 会议的基本概念和构成要素

1.1.1 会议的基本概念

当今世界,各种名目的会议每时每刻都在进行,大到国与国之间,小到家庭成员之间,其目的是为了开展政治、经济、科技、教育、文化等方面的合作与交流,或是为了人与人之间协调关系、交流思想、联络感情、解决矛盾。会议已成为人类社会活动中不可缺少的一种交流方式。无论是远古时代的部落议事会,还是当今社会的国际性会议,任何一种会议都是基于一定的客观需要,为解决现实生活中一些具体问题而举行的。因此,会议自古以来就是一种目的性很强的社会交往活动。同时,会议还必须有一定的组织和计划,只有这样,才能使会议的各项议题顺利展开,使报告、演讲、辩论、表决等会议项目有序进行,使会议成员最终通过交流达成共识,形成决议,进而实现会议的目标。从会议展开的方式来看,报告、发言、讲话、辩论等口头交流是与会成员传递信息、交流思想、阐明立场、表达意志的主要方式,也是会议展开的基本方式。"会议"乃"会"而"议"之,"会"而不"议"则非"会议"。没有口头交流的会议不是真正意义上的会议。当然,也可以辅之以书面和声像交流的方式。

关于会议的定义,可以从会议在现代管理活动中的作用来进行定义和分析,一般而言,通常认为会议具有下列特点:

①有明确的会议目的。如研究问题、交流思想、获取知识、表达观点、贯彻指示、分析对策、安排任务等。

②有明确的会议议题和主题。即围绕会议的目标来设定主题和相应的会议议题,强调会议的针对性。

③达成共识,得出结论。即在会议的接触、交流、辩论和合作中,最终得出一定的结论,或形成一定对与会者的约束力。

④遵循一定的会议运营规则。如人数的要求、地点的要求、主持人的要求、座位的安排、时间的安排、议程的安排等。

通过对于会议特点的分析,可以看出会议的定义是:

会议是指3个以上的人组成的群体为研究问题、交流思想、获取知识、表达观点、贯彻指示、分析对策、安排任务等明确会议的目的,在特定的时间和地点,遵循一定的会议规则,围绕会议议题和主题,展开讨论,最终使与会者达成共识,得出结论的活动。

1.1.2 会议的基本构成要素

1)会议目标

会议的目标是会议组织的期望所在,是具体会议所要完成的具体任务。人们举行会议就是为了达到某种目的或完成某个任务。确定会议目标就是解决为什么开会这一基本问题。只有目标清晰、任务明确,会议才会发挥应有的作用。因此,在会议举行之前,主办者必须对会议的目标进行明确,避免会议目标不明确所造成的会议效果差、走形式的情况。

2)主办者

会议的主办者是会议活动的组织者,其任务主要是根据会议的目标和规则制订具体的会议方案并加以实施,为会议活动提供必要的场所、设施和服务,确保会议正常进行。会议的主办一般有以下几种情况:

(1)由相关领导机关主办

在一个管理系统之内,负有领导和管理职权的机关往往需要通过会议的方式,宣布决定、传达指示、通报情况、布置工作、听取意见,这时会议的主办者一般称为会议召集者。

(2)由会议的发起者主办

一些协作性、交流性的会议,主办者常常由会议活动的发起者担任。比如国际性的学术会议,就是由一个组织发起并主办,或由几个组织联合发起并共同主办的。

(3)轮流主办

很多合作性和学术性组织都要召开经常性会议或例会,每一个成员单位(包括国家、地区或非政府组织)都有主办会议的权利和义务,轮流主办会议可以使每一个成员单位的权利与义务达到平衡。

(4)通过一定的申办程序确定

一些重大的会议活动,由于具有一定的政治、经济等方面的影响,同时也为提高会议的质量,于是采取申办竞争程序来确定主办者。申办程序和条件一般要在会议规则中加以明确。

3)承办者

承办者即具体落实会议组织任务的机构或个人。一般情况下,会议的主办者即承办者,但有时也有所区分。

承办者可以是主办方内部或外部的人选。如果一名内部承办者(主办会议组织中的成员)受命承办会议,他可能在筹备和会议期间增加一个不同于本职的头衔。在一些组织中,这种情况已经开始发生变化,公司会议策划协会和政府会议策划协会等团体的建立就是一个证明,这些团体的成员主要负责担任其组织的会议承办者。外部承办者通常是会议或相关行业中的专业人士。现在出现了越来越多的提供会议承办服务的公司。

4)与会者

与会者即参加会议的对象,通常又称为会议成员。与会者是会议活动的主体,因而是会议活动成功与否的重要因素。与会的人数越多,会议的规模越大。会议成员一般可分成4种资格,资格不同,其在会议中的权利和义务也不同。

(1)正式成员

即具有正式资格、有表决权、选举权和发言权的会议成员,也是活动的主要成员。同时正式成员也必须履行相关的义务。

(2)特邀成员

即由会议的主办者根据会议的需要而专门邀请的成员,这类成员地位较特殊,其在会议中的权利和义务可由会议主办者或会议的领导来确定。

(3)列席成员

即不具有正式资格、但有一定的发言权、无表决权和选举权的成员。是否需要列席成员参加会议,哪些对象应当作为列席成员,列席参加会议中的哪些活动等,由会议的组织者根据会议的实际需要来确定,列席成员的人数一般不超过正式成员。

(4)旁听成员

即受邀请参加会议,但不具有正式资格,既无表决权,也无发言权的会议成员。旁听成员一般坐在规定的旁听席上。

5)会议组织机构

在会议运营中,在确定相应的会议承办者之后,往往在承办者内部将成立一个会议组织机构,即对会议事务进行管理和服务的专门班子。中小型会议常常由领导机关指派下属机构和人员代为管理和服务。会议组织机构一般分为秘书与会务两大部分。秘书负责记录、搜索、整理、撰写、送审、印制、分发会议中形成的各种文字材料,安排和管理会场以及会议所用文具、器材等物品,负责会内外文书方面的信息传递,互通情况等。会务机构的职能大致包括:安排与会人员的签到、接送,安排会议期间与会人员的食宿、交通,组织与会人员业余时间的参观访问和娱乐活动,筹划会议费用,管理财务,接待来宾及来访者等。围绕上述职能,会议组织机构可分为若干小型精干的机构,以使责任更加明确。如秘书处可分文件起草组、简报组、提案组等;会务处可分为财务组、交通组、宣传组以及涉及食宿问题的接待组、保卫组等。会议组织机构属于临时机构,一般由有关方面临时抽调工作人员组成,各机构负责人由会议领导机关临时委派。从事会议组织工作的人员,应该具备相应的专业素质、业务水准和会务工作经验,要有较高的工作热情和良好的服务态度,责任心要强,工作要周到、细致。

上述会议组织机构如图1.1所示。

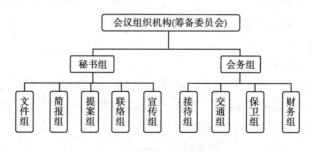

图1.1 会议组织机构图

6)会议议题

会议的议题是根据会议目标确定并提交会议讨论或解决的具体问题,是会议活动的必备要素。举行会议首先要明确为什么而"议"和"议什么"。议题的主要作用是:

(1)为会议的目标服务

会议的目标有主次之分,目标的主次决定了议题的主次。中心议题必须体现中心目标或主要目标。不能准确反映目标或者与目标无关的议题须坚决舍弃。

（2）会议交流发言应围绕的核心

议题是会议交流的中心，与会者的报告、演讲应当紧紧围绕议题。一个好的议题往往能起到集思广益的作用。而议题含糊不清，或者角度选择不当，就会造成议事困难，从而影响会议的效率。

7）会议计划

即会议开始前预先拟订的会议内容和会议程序。凡举行会议，都应该制订会议计划，好的会议计划是会议成功的必要前提。大型的会议其计划常常在前次会议上制订并通过。会议计划大致可包括：

①会议名称；
②会议时间和地点；
③会议领导机构和工作机构；
④与会人员名单；
⑤会场设置；
⑥议题、议案、议程；
⑦会议经费预算；
⑧列席人员和邀请人员名单；
⑨业余安排；
⑩其他活动安排。

制订会议计划，首先要认真考虑该会议的宗旨和目的，考虑会议与客观实际，与法律有关规章的相容性。其次，要对会议时间精心选择，对会期严加限制。会议计划制订后不宜轻易变更。

8）会议议程

即会议议事次序，是对会议所要解决问题的基本安排，可分为广义和狭义两种。广义的会议议程是对较为复杂的会议自始至终的详尽安排。狭义的会议议程则是对会议议事部分进行安排。小型会议常常不必列出详尽的会议议程，对主要的议事内容进行精简的安排即可。大型的或较为复杂的会议，其议程一般需经正式会议通过，并通知与会人员。要点大致包括：

①宣布开会；
②点名或核实出席会议人员；

③通过会议计划和会议议程；

④通过会议领导机构；

⑤大会报告或中心发言；

⑥讨论大会的报告或议案；

⑦选举；

⑧表决通过报告、方案、议程及下一次会议计划；

⑨讨论和通过其他事项；

⑩宣布会议结果；

⑪会议结束。

依据会议不同，议程的繁简程度也不同。一般来说，重大而紧急的、需要尽快做出结论的、需要集中精力商讨的议题，应往前安排。为提高会议效率，会议议程宜尽量精简。在议程本身不发生问题的情况下，会议主持者须严格按议程有效地组织会议，推动会议正常举行。议程本身发生问题，例如程序拟订不周，或在会议进行中发生有关会议进行方式、议事规则以及会议主持者执行权力的方式等问题时，法定与会人有权向会议领导班子或主持人提出。一般来说，议程问题一旦发生并被提出，其他所有会议事项均应暂行搁置，并立即处理所发现的议程问题，必要时可由会议领导班子或主持人裁决。

9) 会议讨论

即对会议议题发表见解、交换意见或进行辩论，是会议上解决问题的主要环节，也是会议民主的集中体现。不同的会议可以采取不同的讨论方式。会议讨论应按议程逐项进行。没有预定议程，由主持人引导进行。与会人员较多时，宜分组进行讨论。一般情况下，会议讨论不加限制，各抒己见，畅所欲言，可先可后，可长可短；如时间有限，则应规定每个人的发言次数和时间。讨论时，会议主持人应该热情鼓励与会者积极发言，把问题讨论透彻；讨论离题时，主持人应巧妙地加以引导和纠正。会议发言人应在会前根据会议要求做好必要的准备和研究，发言要充分，表达观点和意见时，应抓住问题的实质及主要数量关系，秉公直言，言简意赅。在大是大非问题上，出现观点和意见的较大分歧时，应该进行积极的辩论。辩论者应出于公心，尊重客观实际，不放弃原则，不固执己见。会议辩论能激发人们的想象力和创造力，开阔视野，深化思路，提高决策的准确度。

10) 会议时间

会议的时间即会议的起讫时间和时间跨度。会议在时间上有长短、缓急、定期与不定期之分,同时会议时间有时也是一个影响会议效果的重要因素,有时甚至是一个最主要因素,主要取决于出席会议的主要成员时间安排,可以设想假设会议开始时会议主角无法到场,那会议将不能如期举行或将使会议效果大打折扣;同时对于室外的会议还取决于气候因素。我们常会看到某单位选择在雨季并在室外举行隆重的庆典活动,刚不巧会议开始就下瓢泼大雨,尽管之前给贵宾准备了雨具,但结果可以想象,精心准备的会议弄得一塌糊涂,从中可以看出会议时间的选择是多么重要。经验丰富的会议主办者,总是非常注重会议时间的选择,例如奥林匹克运动会开幕式,至今举办的每一届都在室外体育场举行,但为何每届均没有遇到雨天,其实就是主办者巧妙选择了时间,不但不安排在雨季,而且还查阅当地历史上的气候条件,查看当时下雨的概率大小,以便把具体时间安排得最佳。

11)会议地点

对于跨地区、规模大的会议,拟订会议方案时,会议地点要根据会议的目的及所需要的会议条件进行会场的选择,这是影响会议效果的主要因素之一。对于展示性的、有确定的展示主体的会议,如校庆、厂庆活动,最好就选择在本单位举行,若受条件限制,也可选择在当地的公共场所来举办;无确定的展示主体,可根据会议所需条件进行选择,如1999年世界园艺博览会,从园艺的角度举办,许多植物、园艺受气候的限制,举办者选择在昆明召开就是主要考虑四季如春的最佳气候条件,若在其他城市举办,则有可能增加投资和加大运行成本。对于非展示性会议,选择会议地点就要更加灵活;主要考虑大多数参会者方便,或者大多数应到、可到会者是否愿意出席,因此要考虑会议地点地理、气候等诸多方面,是否吸引会议代表,这对于非上级指令性安排的会议尤其重要。

随着科学技术的发展,现代会议的手段也日新月异,会议的地点也就可以分成若干个会场,会场也不一定要设在单位和宾馆里,家庭和交通工具上只要有电话机、电视机和计算机等通信终端,就都可以成为分会场。这就使会议活动的举行更为灵活自由,更加方便快捷,从而大大提高会议的效率。

12)会议结果

会议结果是会议结束时实现目标的程度。会议的结果是会议的目标、议题、会议的组织形态以及与会者之间的关系和力量对比等因素综合作用的产物。由于会议活动受到诸多因素影响和制约,会议结果可能同目的完全一致,也可能不完全一致,有的甚至同最初的目的完全背道而驰。因此,会议结果可以分成"有结果"和"无结果"、"正面结果"和"负面结果"、"有形结果"(形成最后文件)和"无形结果"(达到交流信息、提高认识、统一思想、增进团结等效果)等。会议的正面结果称之为"成果"。会议的结果通常以文件的形式记载下来,可以归档保存,也可以公布、传达。

13)会议的财务管理

举办会议通常都不是纯粹的商业活动,不是以营利为主要目的,但不可否认的是会议运作的过程是一种经济活动,既需要筹措会议资金,更需要按预算进行成本控制,尽量减少会议的支出,因此,会议的财务管理始终是会议运作中最重要的环节之一。

14)会议评估

会议的评估是收集有关会议目标实现情况的信息过程,它不是一项做给人看、例行公事的工作。有效的会议评估不仅能获得已经结束会议的质量信息,而且更重要的是可以通过已经结束的会议的总结分析而获得经验教训,从而对会议的组织、服务的有关人员进行针对性的培训提高,使今后举办的会议质量越来越高。

1.2 会议的类型和作用

1.2.1 会议的类型

1)按会议的规模划分

即以与会人数的多少进行划分,分为以下4类:
①小型会议。人数少则三五人,多则几十人,一般不会超过100人。
②中型会议。人数在100~1 000人。
③大型会议。人数在1 000人以上。
④特大型会议。人数在数万人以上,例如节日集会、庆祝大会。

2）按会议的模式划分

（1）正式的、非正式的会议

对于行政机关、企事业单位会议而言，大部分在企业内召开的都是正式会议。不同类型的会议参加的人员不同。正式的会议由谁担任会议主持人、会议主办人、联络人都是有规定的或约定俗成。一个企业召开的会议中除正式会议之外，还有许多非正式的会议。非正式会议大多在各部门内举行，有的在现场举行，形式灵活多样，可以在发生问题时随即开会研讨。参加会议的人员也可以视具体情况做较机动的安排，这是举行非正式会议的优势。

由于非正式会议可以随机举行，因此在时间安排上较为自由、灵活。如果会议能够开得及时、有效，那么，比起无效的正式会议，非正式会议对工作的发展更有积极影响。

（2）定期的、临时的会议

股东大会、董事会、常务董事会、干部会议，这些一般都是定期举行的。其中，股东大会、董事会是法律规定的。这种法定的会议事前通常都做了充分的准备和细致的安排，会议本身只不过是种形式而已，股东大会尤其如此。有些会议不是法定的会议，而是例行性的，所以也很容易流于形式。但是，换一个角度来想，有的会议虽然没有特别重要的问题要讨论，可是在大家见面闲谈之间，常能萌发出有价值的意见和想法。

有了突发问题可以召开紧急会议，这是不定期会议的典型情况。通过会议，问题可得到详尽的讨论。但是必须要强调的是不要因为课题紧急就不做任何准备，那样开会通常不会有实际意义。前面所提的非正式会议，大多是属于不定期的。也有些会议是以一周开一次或每月两次为惯例的。这种会议如果不加留意，也会因为某些人的疏忽造成一再延期，以至于最终变成不定期会议。

（3）协商型会议

协商型的会议从形式上看似乎没有那么隆重、严肃。但这种会议与其说是一种形式不如说是一种目的。例如，业务员每天早上投入工作前要做 10 分钟或 15 分钟的情况交流或预定行动报告等，或者在前一天工作结束前对第二天要做的事进行预估，确定各自的工作重点等。短时间的集中交流，常常对与会人员的工作产生意想不到的效果。这种会议通常是非正式的、不定期的，但也有定期的协商会。

（4）教育指导型的会议

教育指导不一定都用研习的形式来进行。真正的教育指导要在实践中进行才能取得最好的效果。开会是一种有效的实践活动，通过听取参加者的发言，可以知道他们各自的知识结构和能力。因此，会议组织者会利用这种场合，适时陈述自己的意见，或通过讨论的形式，来教育指导参加会议的人员。同时也为与会者彼此启发或相互了解提供机会。

（5）创意开发型会议

创意开发型会议一般通过会议形式达到开发创意的目的。因为会议的目的虽然很明确，但如果真的要用会议形式以求开发创意，也不是一件容易的事。应该明白，想在完全循规蹈矩的会议中产生创意是很难的。创意开发的必要条件是有可以畅所欲言的轻松气氛，同时还需要会议组织者的启发和鼓励，使与会人员敢于发表任何哪怕是不成型的见解。这就如同进行"脑力激荡"，对他人的创意，在当场不给予任何评判，也不予制止。参加者可自由地发表意见。

3）按会议的性质划分

根据有关的法律法规来进行会议的划分，主要有法定性会议和非法定性会议两种。

（1）法定性会议

法定性会议即根据有关法律与法规规定必须举行的会议，以及特定组织为履行法定职责而举行的会议。前者如各级人民代表大会、企业的董事会议和股东大会等，后者如各种法定组织的领导人办公会议等。

（2）非法定性会议

非法定性会议即法律和法规允许的、法定性会议以外的会议，如学术研讨会、新闻发布会、交流恳谈会、经贸洽谈会等。

4）按会议的公开程度划分

（1）公开性会议

公开性会议即公开发表会议的所有文件、允许公众旁听、记者可以自由采访并可完全公开报道的会议。

（2）半公开性会议

半公开性会议即只允许公开报道其中一部分信息的会议。

（3）内部性会议

内部性会议即会议内容涉及组织内部事项的会议。这类会议的内容尽管未涉及党和国家的秘密，但也不做公开报道，可以根据需要在组织内部进行传达。

（4）保密性会议

这类会议的内容涉及党和国家的秘密，必须采取严格的保密措施，将与会人员和传达范围控制在一定的范围之内，并且保证会议的时间、地点、参加人员以及内容不得泄露。

5）按会议的地点划分

按照会议的地点划分主要有实地会议和虚拟会议两种。

（1）实地会议

实地会议即设有集中会场（包括设主会场和分会场）的会议。实地会议可以将与会者集中在一个或若干个会场里，进行面对面的直接沟通。

（2）虚拟会议

这是随着近年来网络技术的发展和现代化远程会议的兴起而出现的一种新名词。比如在举行计算机会议、电话会议或电视电话会议时，与会者一般不需要集中在某一个会场，可以在一个任意的地方，只要这个地方具有联网的条件就可以参加会议。在这里，传统会议中的实地会场的概念已经不再存在，取而代之的是以网络相连接的虚拟会场。

6）按会议的方式划分

（1）普通会议

普通会议即会场中专门设有主席台的会议。

（2）现场会

现场会即在事件发生现场召开的会议。现场会有助于说明会议主题，强化会议效果。

（3）招待性宴会

招待性宴会即以宴请的方式招待客人、商谈工作或发表演说的会议，如欢迎宴会、早餐会、午餐会、晚餐会等。

（4）座谈会

座谈会即以围坐交谈的方式召开的会议。

（5）观摩会

观摩会又称演示会。即通过观摩操作演示,相互切磋交流的会议。

（6）茶话会

茶话会即略备饮料、水果、茶点的会议。

（7）电视会

电视会分为两种情况:一种是单向传播电视会,即利用电视实况转播组织各分会场的与会者收听收看,分会场无法参与主会场的活动;另一种是双向传播电视会,即通过电视电话系统将主会场和分会场连接起来,实现图像和声音双向传递和多向传递,任何一个会场的图像和声音都能传递到其他所有会场,又称电视电话会议。

（8）电话会

电话会即利用电话系统连接各分会场而召开的会议。

（9）广播会议

广播会议即通过有线或无线广播召开的会议。

（10）网络会议

网络会议即以计算机和通信网络为技术手段而召开的会议。

上述会议类型是根据一定的标准从不同角度划分的。在实际运用中,各种会议类型可以相互交合,产生无数种类的会议。如全国性会议同代表性会议、座谈性会议、纪念性会议相交合,便形成了一个具体的会议种类,即为纪念某人或某事而举行的、由全国各地派代表参加的座谈。由于会议技术手段的不断更新和人们对会议功能认识的不断拓展,会议的具体种类将会越来越丰富多样。

1.2.2　会议的作用

会议的一般作用,是指会议活动对社会、对人们所产生的主要影响和发挥的基本效能。会议在社会生活和政务活动的所有领域及各个环节,都有重要的有时甚至是无法替代的作用。各种会议都有各自的用途,会议的名称和形式不同,所要解决的问题不同,所起的作用也不同。但无论什么会议,就其作用来说,概括起来,不外乎以下几个方面。

1) 集思广益,优化决策

作为领导者,即使是十分高明的领导者,其才能和精力总是有限的。要正确认识和妥善解决问题,就要充分发挥集体和群众的智慧。而会议正是集中智慧、提高决策水平的重要途径。通过会议的形式,把一个议题或一件事交给许多人共同讨论、研究,最终形成比较符合客观实际的决议或决定,这就是会议的作用。在做出一项决策之前,领导往往要召开各种形式的会议,对情况进行汇集和分析,通过交流与筛选来自各方面的信息,拟出各种可行性方案。具体方案提出后,领导者又将召集有关人员对方案进行比较论证,从中选出最佳方案,提交会议讨论决定。任何一项决策在贯彻实施过程中,还要进行跟踪检查,以了解其是否正确,在执行中发生了什么情况和问题,哪些关节需要及时调控。通过召开关于决策执行情况的汇报会议,领导者就可以及时掌握和判断各方面的反馈信息,有针对性地加以调控,从而达到优化决策、提高工作效能的目的。

2) 传达指示,部署工作

领导者和领导机关所进行的组织领导活动,除采取下发文件、现场指挥等方法外,还有一个重要的方法,就是通过会议,传达上级指示精神,研究部署工作,并依据会议形成的统一思想,指导、督促所属单位和人员抓好落实。召开会议传达指示,部署工作,可以使各有关单位、部门充分领会上级指示精神和首长意图,按照上级的要求,结合自身实际,思考和筹划贯彻落实的措施。同时,召开会议还能够增进与会人员的彼此了解,对需要协作完成的工作做到心中有数。这样,在组织实施过程中,就可以避免盲目性和片面性,就能使有关单位和部门形成密切协调的有机整体,高质量、高效率地完成任务。

3) 统一认识,搞好协调

如果各个单位和部门对全局情况不了解或了解不够,又缺乏必要的思想交流与沟通,往往会导致行动不协调,影响工作落实。在这种情况下,就可以以会议的形式,互通情况,交换意见,求同存异,统一思想,形成一个能够被大家普遍接受的行动方案,使大家在共同的目标下团结起来,从而达成行动上的一致性。人与人之间,单位与单位之间,地区与地区之间,乃至国家与国家之间,完全封闭的关系是没有的,总是需要在一定的时间和空间中进行联系、交往、沟通与协作。随着社会的不断进步与发展,人们共同联系的领域愈来愈广,参与活动的规模愈来愈大,组织协调的职能也就愈来愈显得重要。而会议能够很好地起到密切联系、沟通情况、加强协作的"桥梁"和"纽带"作用。

4)传递信息,交流思想

信息传递有多种渠道。文字、语言、图像、电波、网络等,都能作为传递与交流信息的手段和载体,会议同样是一种常用的信息传递方式。一般说来,在会议上,与会人员的报告、讲话、发言或提供的文字材料,都包含有其他人所不知道的各种信息,每个与会者都可以通过会议从别人那里获得对自己有用的信息。从某种意义上讲,会议本身就是一个多向信息传递系统。与会人员通过会议进行思想交流,既是一种信息传递和共享的过程,也是一种新的有效的智力开发过程。会议的交流作用不仅反映在思想方面,同时也反映在感情方面。社会学研究表明,人们相互之间感情的密切程度,除了取决于彼此态度的相似之外,还取决于空间的接近性和交往的频率,会议活动恰恰能够满足人们的这种需求。

5)表彰先进,激励士气

一个集体的力量,在于这个集体中每个成员的觉悟。只有当所有成员都能自觉为这个集体的目标努力奋斗的时候,这个集体才会充满生机和活力,才有力量。通过召开会议,表彰先进,宣扬典型,可以有效地调动积极因素,激发工作热忱。因此,会议还具有激励、鼓舞士气的作用。有些会议既不做出决策,也不传达文件、下达指示和征询意见、建议,而是借助于会议特有的形式,公开显示组织者和与会人员的政治取向、价值取向和情感取向,借以扩大影响,制造声势,鼓舞士气。如动员大会、庆祝大会、誓师大会、声援大会等,均有这种作用。

6)调查研究,总结经验

利用会议进行调查研究,是一种重要的工作方法。召开会议,能广泛地征求各方面的意见,了解新情况,发现新问题;可以通过核实材料,把情况和问题搞得更准确、更翔实;可以通过充分讨论,广泛发表意见,使多数人对问题取得较为一致的认识,做出符合实际的判断和结论;有利于集中多数人的经验和智慧,找出切实可行的解决问题的办法。适时召集有关人员以会议形式,对工作进行系统全面的回顾,分析工作形势,总结经验教训,得出规律性的认识,有利于明确努力方向,制订相应措施,推动工作落实。

7)发扬民主,实施选举

在我国,很多选举是通过会议来组织实施的。比如,各级党代会、人代会,都有选举任务。采取会议的形式实施民主选举,对于增强广大群众的主人翁责任感,培养集体意识,调动积极因素,维护内部团结,改进工作作风,克服官僚主义,都有着十分重要的意义。

8)成果评审,科技鉴定

对研究成果进行评估、审查,对科技项目进行鉴定,是会议的又一个重要作用。从更大范围聘请高水平的专家组成评审机构,召开会议评审、鉴定科研和技术成果,可以打破地区、单位和门户界限,保证评审、鉴定工作的代表性和权威性;可以充分发扬学术民主,使成果得到准确、公正的评价,确保鉴定结果的科学性和权威性。同时,通过各方在会上交换意见,深入讨论研究,不仅能对成果做出中肯、实际的评估,而且还能对成果存在的缺陷和不足提出弥补及改进措施,从而有利于完善成果,扩大成果的社会影响,促进成果的推广应用。

本章小结

在会议运营管理开篇中,对于会议运营管理的对象——会议的基本概念、特点、定义、会议的基本构成要素和要素所包括的内容,以及会议在现代生活中作用进行初步的阐述。我们从一般社会生活中对于会议的初步的认识提升到会议理论的分析和把握,这对于在今后各章节的学习都有一个引领作用,其中很多知识内容都可以在社会生活中找到合适的例子进行比较和分析,学习者应注意发现和思考,找出各类会议的特点、方式和作用。

复习思考题

1. 通过对会议的定义进行分析,通常认为会议具备哪些方面的特点?
2. 会议具备哪些基本构成要素?他们之间的联系有哪些?
3. 会议按照性质来划分,分别有哪些内容?
4. 会议的作用有哪些?请举例说明会议的各方面的作用。

实 训

实训 1　拟订会议计划

2013 年 9 月 10 日是我国的第 29 个教师节,全国各地各级政府和学校将举行大规模的庆祝活动。你所在的高校也准备召开庆祝大会,学校认为庆祝大会的召开非常重要,一定要成功举办,并在前期的准备会议中有以下设想和安排:

1. 会议一定要体现隆重喜庆的气氛,办成高规格的会议。

2. 参会人员要广泛,并邀请上级和主管部门的领导和对学校发展建设给予支持的相关单位的领导出席会议,同时邀请新闻媒体对会议进行报道。

3. 会议时间要安排在教师节前,会议地点考虑在学校内部。

4. 会议准备表彰一批在爱岗敬业、为人师表、教书育人方面取得优秀成绩的先进教育工作者。

5. 会议组织由学校党政办公室具体负责和安排。

现在假设你为学校的党政办公室的负责人,请你根据上述的基本信息和学校的相关情况拟订本次庆祝大会的会议计划。

制订本次会议计划提示:用书面的方式将会议计划中涉及的会议的名称、会议目的、会议的时间、地点、会议领导结构和相应的分工组织、参会人员安排等分项列出,要求简单明确、可操作性强,如表 1.1 所示。

表 1.1　庆祝大会计划

××××学校庆祝第 29 届教师节大会计划 一、会议目的 1. 尊师重教、体现党和国家科教兴国的战略; 2. 表彰先进,树立典型,推动教师队伍建设、促进学校持续健康发展。 二、会议内容 1. 校长报告; 2. 上级领导致辞; 3. 相关单位领导讲话; 4. 教师代表讲话; 5. 学生代表讲话; 6. 表彰先进。

续表

三、会议时间

2013 年 9 月 7 日下午 15 时正。

四、会议地点

学校礼堂。

五、参会人员

1. 省政府×××副省长(或×××副秘书长);省人大×××副主任;省政协×××副主席;省委组织部领导 1 人;省委××部领导 1 人;省政府办公厅××处领导 1 人;××集团、××集团、××集团、省财政厅、省计委、省人事厅、省劳动厅领导;学校书记、校长、副校长共××人在主席台就座。

2. 省教育厅有关处室:省招办、组干处、德育处、人事处、高教处、成职教处、计财处、办公室领导各 1 人(共 8 人)。

3. ××集团总公司:组织部、宣传部、办公室各 1 人(共 3 人)。

4. 省级主管部门:省××厅部门领导 1 人、省××部门领导 1 人、省××厅部门领导 1 人、省××厅部门领导 1 人(共 4 人)。

5. ××系统直属单位:铝业公司、驰宏公司、会矿、兰坪金鼎铅锌有限责任公司、新立公司、建锰、斗南锰矿、澜沧铅矿、保山铅锌公司、汽修厂、研究院、进出口公司、冶金医院、汽校共 14 人。

6. 十大企业集团领导:昆钢、云锡、云铜、十四冶、船舶公司、云天化等共 10 人。

7. 学校领导、西、北校区领导共 14 人。

2～7 项共计 49 人在 1～3 排中间就座。

8. 学校全体教职员工 400 人。受奖先进个人 4～6 排中间就座。

9. 学校学生代表 500 人。

10. 学校离退休教师代表 100 人。

11. 新闻媒体若干人。

六、会议承办

校办(含校区、北校区)、工会、宣传部、高职研究所、学生处、团委、后勤处、保卫处、成教学院。

学校党政办公室

二〇一三年八月二十八日

实训2 会议组织机构

某高校系部在专业建设过程中,准备成立专业教学指导委员会。拟邀请校外政府官员、企业负责人、专家学者到校担任专业教学指导委员会的委员,并准备举行隆重的成立大会,在成立大会上颁发聘书,签订校企合作协议,并在成立大会后,召开专业教学指导委员会第一次全体会议,讨论专业建设、课程建设、实习基地建设、校企合作等问题,在会后安排答谢晚宴。

如果你作为会议组织机构的负责人,你将如何对会议组织机构进行安排,将安排哪些工作小组对会议进行准备?

会议组织机构提示:会议组织机构是会议成功举办的人员组织准备,合理地安排会议工作人员有利于会议顺利完成会议目标和会议议程。本次会议在组织机构安排过程中,可以分成以下小组:

1. 会议秘书组:主要负责会议邀请工作、会议文件准备工作、会议宣传、报道工作等。

2. 会议会务组:主要负责会议接待、会议礼仪、服务人员安排、会场布置工作、会场安全、会后宴会安排等工作。

当然,在两个组的基础上,还可以针对具体工作再进行细分,分成若干个小组来进行准备。这里要注意的是在会议组织机构中,往往会采取人员交叉担任工作的方式。这是由于会议本身在组织工作中有交叉性决定的,例如:在本次会议组织中,会议邀请工作部分和会议接待工作部分,是一个前后联系的过程,可以由一位在前期会议邀请中熟悉被邀请人员情况,同时有接待能力的人员担任两个小组的负责人,实现会议过程与人员安排的一致性。但在人员安排中也要避免一种倾向:认为人员越多,分工越细越好。这将造成会议组织者协调困难、控制失效的情况发生,应该避免。

实训3 确定会议的类型

在2013年年末,某单位要安排下列会议活动:

1. 上级部门主管领导到单位检查年度工作情况,并对下年度工作提要求;

2. 同级的相关部门的领导准备到单位进行学习交流活动,并希望实地考察单位的情况;

3. 本单位准备组织中层领导干部进行会议述职,并进行考核评价;

4. 要安排一次退休老干部的座谈慰问会议;

5. 安排年度对于先进工作者的表彰大会;

6.到单位重点项目建设现场,解决存在的问题。

如果你是单位负责会议组织工作的领导,你认为上述会议是属于哪几种类型,应该有针对性地考虑哪些基本问题?

确定会议类型提示:会议不同的类型决定了在会议组织准备过程中,应该考虑不同的会议形式,使会议主题、内容与会议的形式有机地结合起来,提高会议效率,避免会议准备工作出现差错,张冠李戴。

在上述会议中,有专题的检查和布置工作的工作性会议,这一类型的会议在单位的会议组织中是常见的形式。在准备过程中要考虑会议严肃性和规范性。准备过程中要更加细致。同级的考察交流会议这一类型的会议要体现出会议主办者对来访者的欢迎和重视,并给予周到的会议安排,会议主办者可以从这个方面对会议进行准备。本单位考核会议是行政工作会议的一种,因涉及每个人的考核问题,会议时间、地点、会议议程、顺序等问题要获得上级认可,才可以执行,并且要充分准备。座谈会议是经常召开的会议形式,在会议组织中,主要是与会人员通知安排、会场布置体现座谈"平等性"的特点;会议发言等事项,应提前通知安排;如有会议慰问品,应考虑发放登记等问题;会议时间、地点、餐饮安排等应考虑参与人员的特点。对于表彰大会这一类显示性会议,在会议准备周期上一般较长,会议议程、会议表彰决定等会议正式文件需要提前准备,并获得单位批准。同时表彰证书需要提前准备安排。会场布置等工作需要认真组织完成。对于现场会议类型的会议,应事先拟好会议的通知和要求,集中准备会议议题,会议现场布置不需要过多装饰,地点要选在会议解决问题地点,不要远离现场。在会议过程中,如果有考察和检查活动,应事先考虑好参观检查路线,便于集中会议问题在会议上研究讨论。在以上会议准备中,不同会议的类型决定在会议准备安排上有不同的会议方案。大家可以结合提示做详细的会议计划方案。

案 例

博鳌亚洲论坛会议主题和议题设计

博鳌亚洲论坛是我国唯一的非官方、非赢利、定期定址举办的国际会议,论坛于 2002 年召开首届年会。在历届年会举办期间,与会代表相继来到小镇,交流对中国、亚洲乃至世界热点问题的观察和思考,为亚洲发展贡献谋略。

与会代表认为:博鳌亚洲论坛每年年会在会议主题和议题设计上,都切中亚洲经济区域发展的新趋势、新观念,呈现出准确、及时、重大的特点,为年会的召开起到了非常好的软件支撑作用。

博鳌亚洲论坛历年年会及主题如表1.2所示。

表 1.2　博鳌亚洲论坛历年年会及主题

历年博鳌亚洲论坛年会	年会会议主题
2002 年年会	新世纪、新挑战、新亚洲——亚洲经济合作与发展
2003 年年会	亚洲需求共赢:合作促进发展
2004 年年会	亚洲寻求共赢——一个对世界开放的亚洲
2005 年年会	亚洲寻求共赢:亚洲的新角色
2006 年年会	亚洲寻求共赢:亚洲的新机会
2007 年年会	亚洲制胜全球经济——创新和可持续发展

每年博鳌亚洲论坛年会主题和议题的设计,都围绕推动亚洲经济社会的全面发展和亚洲经济一体化的论坛宗旨和使命展开,同时根据不同会议主题分别设计各种主议题,对亚洲经济发展的各个方面的问题进行研讨。每年论坛都有创新的议题或方式。例如2007年博鳌亚洲论坛年会,在"和谐亚洲"的旗帜下,这次年会邀请了更多来自南亚和中东人士的参与,并有意识地安排了印度和巴基斯坦两个讨论专场,并在会议上邀请专门研究气候变化和全球变暖的专家出席这次年会并参与讨论。政府官员、企业家和学者将对亚洲合作确保能源安全进行对话。2007年年会延续了以往对房地产业的关注,第一次提出了"绿色议程"的主题。据博鳌亚洲论坛秘书长龙永图介绍,为了制订2007年年会的主题和分论坛的议题,论坛秘书处组织了国内外著名的研究机构、咨询公司、投资银行和独立专家,研究设计了年会的主题。

案例分析:

1. 博鳌亚洲论坛年会是一个大型会议,会议已经成功举办了六届,每年会议主题的设计符合论坛的促进亚洲经济发展的会议目标,与会议宗旨和目标无关的会议主题和议题没有出现在会议上。

2. 每年会议主题都具有较强的号召力和凝聚力,主题立意高远,站在时代发展的前沿,让与会者有充分的讨论空间。

3. 年会除了会议主题外,还设计体现主题的具体议题,具体表现主题的思想内涵,使之有明确的针对性和可讨论性。例如 2007 年年会"亚洲制胜全球经济——创新和可持续发展"的主题下,设计加速亚洲增长、亚洲经济一体化的演进、房地产业的绿色议程、银行业的创新和全球增长等多个议题,吸引关注不同方向的参会者。

4. 在主题和议题设计时,作为会议主办者需要在前期做相关的调研和分析,找到最值得讨论的主题和议题,以保证会议的成功举办。

第2章
会议策划与准备

【本章导读】

本章主要分析会议策划在会议活动组织中的作用,会议策划与准备过程中要考虑的基本要素,以及基本要素在策划与准备过程中的体现,如各种相关的会议文件、证件的拟订下发、会议的相关设施与设备、会场的布置与座次布置和安排等。

【关键词汇】

会议策划概念与作用　基本要素　会议文件　会议设施　会场布置和安排

2.1 会议策划基本概念与作用

2.1.1 会议策划的基本概念

根据已经掌握的相关信息,推测事物发展的趋势,分析需要解决的问题和主客观条件,在行动之前,对指导思想、目标、对象、方针、政策、战略、策略、途径、步骤、人员安排、时空利用、经费开支、方式方法等做出构思和设计,并形成系统、完整的方案,这就叫做策划。简言之,策划就是为行动谋划方案。

会议策划分为广义和狭义两种,广义的会议策划是指根据会议市场的分析和定位,针对某一会议细分市场进行会议项目的总体构想。狭义的会议策划是指会议召开之前,会议的主办者或是承办者根据会议目标,对一个具体会议的形式、会议的规模、会议的地点、会议的时间、会场的布置、会议的议程、组织参会人员,合理安排会间活动、会议的财务开支等做出构想和设计,形成系统、完整的会议活动方案。广义的会议策划和狭义的会议策划其实都是会议活动前期准备的阶段,当总体构想完成,有了开始的"创意"之后,就应该有细化的会议策划活动方案,并以会议文案的书面形式完整地记录下来。

2.1.2 会议策划的作用

无论是广义的会议策划或是狭义的会议策划,总的说来会议策划的作用主要表现在以下几个方面。

1)策划是会议活动取得成功的保证

《论语·述而》曰:"好谋而成者也。"这说明了成功只会留给有准备的人。我们所做的会议是一个复杂的管理活动,涉及的问题是多方面的,只有会前进行认真的思考和准备,将每一个方面的问题都想清、想透,会议才可能取得成功。

2)策划为会议行动提供指南与纲领

哲学原理告诉我们,人们的实践要想取得成功,必须让自己的行动符合客观实际。行为是受意识支配的。如果人的意识正确地反映客观现实,尊重客观规律,那么,其行动就会有良好的效果;反之,没有正确的意识做指导,瞎干、蛮干,只能以失败告终。策划是一个思维与行动、主观与客观之间必不可少的联系环节,策划的过程,就是认识的过程,发挥人的主观能动性的过程。科学的策划,首先要求人的大脑正确、全面地认识客观世界。其次,在准确反映客观情况的基础上,运用人脑的功能,进行判断、推理、联想、创意,想办法、拟方案等,创造性地提出认识市场、利用市场、创造利润的计划。建立在科学基础上的策划,使人的主观意志更加符合客观现实;同时,为人们的行动提供了一个指南和纲领,使人们的行动不再是盲目的,而是有计划、有步骤、有方法的。那么,企业的会议活动在策划提供的纲领指引下,将迈向成功。

3) 策划为主办者提供新观念、新思路、新方法

主办者在谋划时,要对已掌握的情况进行判断、分析;为了寻找解决问题的方案,大脑要进行充分的创造性思维,很多新观念、新思路、新方法就产生在这个时候。既符合客观实际,又有创新的策划,才能充分发挥人的主观能动性,推动事物更好地发展。盖天力制药公司策划开发治疗感冒新药"白加黑"的过程,充分体现了策划的创新功能。在"白加黑"出现之前,市场上的治感冒药不下几十种。站稳了脚跟的著名品牌也有康泰克、帕尔克、三九感冒灵、感冒通等。经过一番研究、谋划,盖天力人创立了治疗感冒的新概念:在国内第一次采用把日夜分开的给药方法。白天服用白色片剂,由扑热息痛等几种药物组成,能迅速消除感冒症状,且无嗜睡作用,用药后可以正常坚持工作和学习;夜晚用黑色片剂,在日制剂的基础上加另一种成分,抗过敏作用更强,能使患者更好地休息。"清除感冒,黑白分明"的广告语,在社会上刮起了旋风,治感冒新药"白加黑"获得了社会的普遍认可和赞许,企业也赢得了可观的效益。"白加黑"的策划者在开发产品、广告宣传等方面表现出了创意。

4) 策划增强了主办者的竞争力

在策划过程中,主办者要对事物的发展趋势、自身的主观条件等进行分析,明确自己的努力方向和目标;要对各种有利因素加以组合运用,对各种不利因素进行回避和克服;要拟订一整套行为方案。这使行动有了动力、有了既定目的、有了具体的手段和方法。一个目标清晰、任务明确、计划周密的行动成功把握是极大的,它坚决而富有活力。另外,由于策划或对各种有利因素、有利资源进行了优化组合,可以使这些因素、资源发挥更大的效用。策划具有点石成金的功用,可使行动增强竞争力。

5) 策划可以改善管理

竞争力是针对外部而言的。一个好的策划,对改善内部管理也能发挥积极的作用。策划的过程,是发现问题、寻找对策的过程,行动目标、战略、策略、途径、方法、计划等都在这一过程被提了出来,这些对加强和改善内部管理是很有帮助的。

2.2 会议策划的基本要素

2.2.1 明确会议目标

会议的目标是会议组织者的期望所在,是会议所要完成的具体任务。人们举行会议就是为了达到某种目的或完成某个任务。确定会议目标就是要解决为什么开会这一最基本的问题。只有目标清晰、任务明确,会议才能发挥应有的作用。很多会议之所以目的不明确甚至毫无必要就是因为没有一个人认真想过会议的目标是什么。举办方不能图形式,走过场,应尽可能具体地向与会者阐述会议目的。

1) 确定会议目标的作用

(1) 制订会议的议题和议程

会议目标不是空洞虚幻的口号,在会议过程中,它必须落实到具体的会议议题和议程上。议题和议程是为目标和任务服务的,并为目标和任务所制约。有什么样的会议目标和任务,就会有什么样的会议议题和议程。

(2) 决定会议的类型

会议目标决定了会议类型,其中包括会议规模、模式、性质、公开程度、地点场合以及方式等。

(3) 引导会议的结果

会议目标引导会议结果,会议结果应与会议目标相吻合。也就是说,只有会议结果同会议目标相一致,才算得上是成功的会议。恰当合理的目标以及为实现这些目标而设定的议题、议程,必能创造出良好的会议氛围,对与会者的心理产生积极的影响,并引导会议朝着与会议的目标相一致的方向发展。

(4)达成高质量的决议

企业开会的目的,就是要整合各方意见,以达成高质量的决议。会议目标不明确,各方意见就很难统一,也就不能达成共识,形成决议,所以会议目标是高质量决议的基础。

2)需考虑问题

确定会议目标时还应注意考虑以下几点:

(1)会议目标必须以书面方式列出

用书面方式列出会议目标,①有助于目标的内涵澄清;②书面形式较正规,易引起与会者的重视;③当目标较多时,容易理清各目标间的关系。

(2)会议目标必须切合实际

所谓切合实际,就是指具有实现的可能性。如果目标脱离实际,即使形成决议,也是一张白纸,不会对单位或企业的发展有任何实质性帮助。但目标也不能定得太低。事实上,不是轻易能够实现的目标,对目标的追求者才具有真正的挑战性。也就是说,会议目标不但应具有挑战性,而且也应有被实现的可能性。

(3)会议目标必须具体而且可以衡量

含糊笼统的目标很难作为行动的指南。例如某学校领导因为感到该学校学生就业率过低,决定开会研讨提高学生就业率的办法和措施。倘若将会议目标认为"探讨如何提高学生就业率",则该目标肯定难以作为与会者提供意见的指南,因为他没有具体地指出学生就业率应达到多少,以及应在多长的时间内达到这个结果;但若他将会议目标改订为"探讨如何在本年度将学生就业率提高到80%",则上述缺点将不复存在。

(4)会议目标所表明的必须是"应实现什么",而非"应做什么"

"应做什么"是以领导者为本位,而"应实现什么"则是以成果为本位。以领导者为本位的目标,远不如以成果为本位的目标那样具有实效。例如当会议目标被定为"向员工宣传新的告假程序"时,会议负责人可能只会照本宣科一番而草草了事;但若会议目标被定为"让员工了解新的告假程序",则会议负责人将不能不关心员工对新的告假程序是否已真正了解。

2.2.2　确定会议的形式

作为人类社会中的一种活动形式,会议已经成为程式化的活动,它的方法大多已经固定下来。不论何种类型的会议,大多都是将有关人员召集起来,集中在某一场所进行议事论物,在一定的时间内完成所有议题。这就是常见的会议形式。

一般说来,各种形式的会议有自己的模式和程序。会议性质、会议目的以及与会人员身份决定了会议的形式。不同性质的会议,采取不同的会议形式。如,法定性会议、决策性会议等,这种会议严肃而庄重,一般采取程序严格、场面庄严的会议形式。会议形式还取决于会议的目的。做出决策的会议,要采用便于议决事项的程序化强的方式;征询研讨的会议,采用便于发表意见、可以充分讨论、开放的形式;宣传教育的会议,考虑采用增强宣传效果的方式;传达精神的会议,则要考虑扩大传达面的形式等。与会人员身份不同,可以采取不同的会议方式。较高层级的领导人会议,要采取便于集中、就地召开的形式;不同单位、不同系统人员参加的会议,要采取座谈、会商的形式进行。

1)基本形式

(1)现场形式

在事情发生地的现场召开会议,便于观摩学习,或研究解决问题。常见的现场办公会、经验交流会、现场观摩会等,就是这种形式。

(2)移场形式

移场形式是由两个以上的地点场所完成会议议题的会议。一般是主议题在一个地点完成,分议题在另一地点场所完成。这种开会形式主要是会议的议题所决定会议地点的转换,但会议的成本高,会议的计划安排和会议服务要求高,要从实际需要出发进行筹备。

(3)笔谈形式

笔谈形式是"以文代会"的形式,以书面的形式讨论问题,然后交换看。这种形式,与会者并不集中在一起直接对话,而是通过笔谈的形式进行。

(4)座谈形式

有些会议需要听取意见,征集建议,交流思想,把有关人员召集起来开会,需要采取座谈会的形式。这种会议形式,一般没有议决结果,与会者大多是不同群体的代表,有关方面的专家、负责人或主管人员。

(5)并会形式

为了精简会议,有些会议采取合并召开的形式。把相关的几个会议合并在一起,用一个单元或更长一点的时间举行,提高效率。这种形式,可以减少领导人到会和讲话的次数,把几个讲话稿合起来。

(6)"套会"形式

有些会议采取"会中会"的套会形式,可以在与会代表中划出一部分人员,在某一时段召开专门会议。

(7)远程形式

运用电视、电话、广播、网络等传输手段举行会议。这种形式突破空间限制,节省时间和会议经费,扩大会议的宣传面。范围较大和时间紧急的会议,常采用这种形式。

2)常见形式

下面列举3种常见的会议形式,详细说明并做简单比较。这3种会议形式分别是咨询式、决议提报式和责任完全交付式。

(1)咨询性会议

有些会议由于事态紧急,通常在会前一至两小时内以简短的形式告知与会者,这通常便于主管领导能快速获知属下意见。主持人应在会前就先针对被咨询的问题或事件,相应地衡量出各种可能方案的利弊得失,再和与会者一同讨论,拿出最可行的方案。在这样的会议里,主持人通常会因为对问题有较深的了解而发言较多,但也应让与会者有充分发言机会,将他们的意见纳入考虑之列,或者让与会者自由发言,尽管内容可能未经深思熟虑,但往往能给主管领导提供意想不到的灵感。

(2)决议提报式会议

这样的会议通常较正式,开会时间较长,也很重视深思熟虑后的意见,这也是会议召开的目的。在会议刚开始时,与会者先简述讨论的议题,在讨论方向明确之后,主管领导可暂时离席,让与会者自由讨论。在讨论告一段落后,再将讨论结果呈报给主管领导。这种形式的会议,与会者有完全的发言自主权,而主管领导仍能保留最后的决定权。以这种形式开会,由于与会者知道他们的意见将对决议产生重大影响,基于团体的使命感,大多会在主管领导暂离席的这一段时间,竭尽所能地贡献意见,提出有创意的建议。

(3)责任完全交付式会议

"责任完全交付式"指的是会议召集人将决议权完全交付给部属。这种形式的会议并不常见,因为部属间若协调不好,讨论很容易失控。假若要执行这种会议,主管领导就要能够确定与会者能在无人领导的情况下,发挥分析与解决问题的能力。而在决议呈报给主管领导之后,主管领导完全尊重其决定,不会再另做修改。

在会议形式的选择上,最常见的错误观念是,以为固定用某一种开会式,便能以不变应万变。事实上,只有灵活使用不同的开会形式不断地改革、创新,才能提高会议效率。如果开会的目的仅仅是传达新政策,不需要与会者有特殊的回应,那么领导方式就越直接越好。如果是要多方征求与会者的意见,那么就应该选择较开放的,能让与会者发挥创意的会议形式。如果是要以专家意见为讨论依据,则可以先让专家分别发表简短的谈话,紧接着再进行"咨询式"的讨论。总之,只有灵活运用不同的会议形式及领导风格,才能有效实现不同的开会目标。

3)其他形式

(1)正式会议

这种会议应当是标准的会议模板,准备充分,议程严密,参与者众多。其目的一般是趋于处理重要的、非争议的问题,提供最终决策,设计实施方案,并要具体落实到每一个与会者的头上。这种会议是商业活动中必不可少的重要内容,公司的员工大会、股东大会等法定会议或管理层的全体会议都必须使用这种会议形式。另外,各级党委、公务机关、事业单位常设委员会也属此列。常设委员会覆盖面较广,并通常有特定的组成名目,如董事会、财务管理委员会等各种名目。由于是一种常设会议,并且其成员任期也较长,因此这种形式的会议显得比较正式,召开会议前需要做好事先准备,并且议程相对固定,内容的变化也只与时间有关。一般来说,公司中高层的例会都可以通过这种形式进行。

(2)非正式会议

这种会议通常是由一个高层人士提出问题,进而由与其关系紧密的另外几方加入并进行的。召开这种会议的目的往往是"聚在一起研讨解决问题的办法"。非正式会议中还有一种集思广益式的会议,这种会议是临时的非正式会议的发展。其目的是要产生创造性、改革性的思想,所以参会人员就不能仅仅限于临时的非正式会议中彼此关系紧密的参与方,而是要扩大范围,加入一些思维灵活、视野宽广或经营经验丰富的参与者,灵感的产生需要集体讨论获得反馈。

(3)展示会议

这种会议的主要目的是少数人向大多数与会者传递灌输一些信息,相互之间并不是平等的交流关系,互动性虽然较差,但可以起到信息传播的作用。这种会议形式一般适用于一部分人向其他人展示或汇报自己的研究报告或工作成绩。

(4)紧急委员会

这种会议与常设委员会、非正式会议都有类似之处,目的是解决紧急发生的问题。虽然是临时的,但会议要讨论的内容显然会深入具体得多,往往会涉及具体的实施细则。该会议相对于常设委员会可以更灵活,不需要事先考虑好很多的框架,如会议日程和会议时间等。虽然这种会议往往于匆忙间召开,但往往都能在短时间内达成决议,所以通常效率很高。

(5)两方会议

这种会议形式为仅有两方的会议设计的,一般适用于共同筹备的活动,或是双方就彼此之间的关系或利益进行谈判,或是利用某种偶然的机会讨论业务。

(6)公开会议

这种会议的主要目的是为了吸引公众的注意力,以扩大自身的影响力。会议往往准备充分,设计严密,但并不需要参与者交流和讨论,决议一般已经做出,只是借此机会公开而已。这种会议形式适合于新闻发布会、商业展示会等公众性会议。

4)多样化形式

会议方法需要不断改进。传统的会议方式已被大多数人所熟悉。但是容易流于形式,没有新意,降低与会人员的参会兴趣。随着科学技术的发展,生活节奏的加快,信息传递方式的增多,会议形式也需要不断改进。革新会议方式,可以提高会议效率,降低会议成本。在确保会议效果的前提下,多样化的会议方式也可以最大限度地调动与会人员的积极性。

(1)网络会议

随着因特网的广泛运用,可以召开网上会议,通过网络形式工作,研讨商洽问题。

(2)无主席台会议

传统的会议通常设主席台,甚至要求主席台有相当的台深,摆若干台坐席。这一积习弊端不少。除需设主席团集体主持会议和庆典型会议,不妨改主席台为讲台,有利于会议开得简便,也有利于改进会风。

(3)站着开会

传统的会议都是与会人员端坐会场,这种"排排坐"的方式,是会议开得冗长的直接原因。有些小型的会议,可以搬掉舒适的座椅,会议开得更简短。会议形式的改革和创新,将会使会议更具魅力,更加有效。

2.2.3　确定会议规模

1)确定会议规模的意义

确定会议的规模也就是控制会议出席人员的数量,包括正式代表、列席人员、工作人员、特邀代表等。要坚持能少则少的原则,避免与会议议题无关的人或对会议起消极作用的人到会。但对于法定性的会议,就要按照特定的法律、法规、组织章程或会议规则赋予与会者权利,并以此作为统计会议人数的依据。没有特殊情况或不经过组织程序,任何人都不可以随意剥夺法定与会人的与会权利。例如,任何一种形式的代表大会的召开,都要严格按照有关的法规组织,确定会议代表名额,不可随意扩大或缩小范围。除此之外,各种专题会议或工作会议的参加人数,由会议的组织者根据实际情况自行掌握,以严格控制为原则。对特邀代表、列席代表和其他来宾的限定,主要的原则是人员不可过多,避免喧宾夺主和使会议负担过重。

同时开会人数多,人际互动的复杂程度越高,会议讨论中不可预测的因素越多,会议组织者、主持人对会议的控制就越困难,因此在确定会议规模时,应考虑参会人员的人数和与会人员对会议的影响,以保障会议取得较好的效果。

2) 会议规模的确定

我们由会议的目的来确定会议的规模。根据会议目的,可以把会议分为需要互动和不需要互动的两种会议,这两种会议的规模又有不同的确定标准。

(1)需要互动讨论型的会议

这种会议一般是需要经过与会者之间深入交流,就议题进行有效的讨论并最后得出正确结论,所以与会者能否积极互动,是这种会议能否成功的关键。但研究表明,现在的大多数会议都存在规模超出需要的问题。冗员、拖沓以及无用的发言严重挫伤了众多与会者的积极性,令会议低效冗长,似乎高效会议遥不可及。

开会人数越多,人际互动的复杂性就相应地增加。当会议规模超过 7 人时,每增加 1 人,互动的频率就可能相应增加 10 倍以上。

(2)不需要互动讨论型的会议

有些会议并不需要与会者积极进行互动,如宣布事情,发布信息等,这样的会议可以根据信息接受的对象范围来进行确定,如果客观条件如时间、地点等容许的话,可以将会议规模扩大到所需要的程度。对于事情的传达,应尽量减少会议次数,以大幅度提高效率,节约更多时间。会议规模确定的关键在于,与会者之间信息的传递究竟是单方还是双向的,如果需要相互交流,而且要保证效率,会议规模就必须恰当地予以控制。

3) 确定会议的规模必须综合考虑的因素

(1)效率

会议的规模直接制约会议的效率。也就是说,会议人数越少,会议所花的时间就越少,会议效率就越高;反之,会议人数越多,意见越不容易集中,会议时间也越长,效率就越低。这点,已在上面进行讨论过。所以,必须注意一点,人数越多就可能出现懒于思维者。因此,除了法定性会议和必须举行的大规模会议之外,要尽可能地控制与会人数。

(2)成本

会议规模与会议成本两者构成正比关系,规模越大,动用的人力、物力、财力就越多,会议成本也就越高。在确定会议规模时,先要考虑清楚预计的会议成本,做到量力而行。除了考虑会议的显性成本外,还要预算一下隐性成本。

会议的显性成本是指投入会议的物力、人力、财力支出等直接在财务管理中显示的成本投入,而隐性成本是会议的召开所带来的主办者、与会人员时间投入机会成本支出,也称为无形的成本。

(3) 效果

会议的规模与会议的效果密切相关。有的会议保密性较强,必须严格控制与会人数和会务人员,以防会议内容的扩散。有的会议要求造成声势,扩大影响,需要达到一定的规模才能产生效果。需要注意的是盲目追求规模,定会产生不良影响。

(4) 场地

一般来说,规模决定场地,但由于场地的限制,规模必然受到相应的限制。因此,决定会议规模之前应先考察场地条件。

2.2.4 确定会议的地点、时间

1) 会议地点

对于跨地区,规模大的会议,拟订会议方案时,会议地点要根据会议的目的及所需要的会议条件进行会场的选择,这是影响会议效果的主要因素之一。

对于展示性的会议,有确定的展示主体的,如校庆、厂庆活动,最好就选择在本单位举行,若受条件限制,也可选择在当地的公共场所来举办;无确定的展示主体,可根据会议所需条件进行选择,如'99 世界园艺博览会,从园艺的角度举办,许多植物、园艺受气候的限制,举办者选择在昆明召开就是主要考虑四季如春的最佳气候条件,若在其他城市举办,则有可能增加投资和加大运行成本。

对于非展示性会议,选择会议地点就要更加灵活;主要考虑大多数参会者方便,或者大多数应到会者是否愿意出席,因此要考虑会议地点地理、气候等诸多方面,是否吸引会议代表,这对于非上级指令性安排的会议尤其重要。

会议地点的重要性是不容置疑的,会议地点的物质条件——设施、环境和工作人员等,对会议的成功举办也起着关键的作用。一般情况下,会议组织者和策划委员会将直接参与会议的选址工作,目前国内一些专业性或商业性的会议,在考虑会议地点时,往往会考虑会议举办地本身的申办实力和举办条件,以及当地的经济发展与产业发展背景等,同时也会考虑会议在举办地的旅游休闲环境,这成为会议地点选择的一个重要因素。

会议场地的选择可能帮助也可能阻碍会议的进程。很多人认同在远离工作的地点举行会议,因为新的地方和环境使人们对会议产生一种重要感,而且与会者不用因为接电话或是其他人干扰而离席。同时,最好能够安排在远离办公室的地方,以摆脱日常事务,达到集中注意力于会议的目的。

对于会议空间来说,应该有很好的光线,最好有充分的阳光,向阳面最佳,冬季尤为适宜。房间内没有使人分心的东西,而且有足够的座位容纳所有的人,温度要令人舒服。房间座位应该根据会议的性质来安排。

选择会议地点应当考虑如下因素:

①与会者与会场的距离。会议有全国性和地方性之分。一些协会组织每年都会在国内的不同地方主办会议。通过变换会议地点,他们每年都能吸收一些新的与会者,同时也对国内各个地区表现出了一视同仁的立场。也有一些会议主办者喜欢每年在同一个城市举行会议,这样就可以使与会者能够相应地安排时间和预算。

②与会者下榻酒店与会场间的距离。如果选定的会议地点既有会议场所,又有客房,会议承办者就不必考虑这个问题了,但是如果会议在某个会议中心举行,这个问题就十分重要了。与会者下榻酒店和会场之间交通所需的时间比实际的距离更为重要,这就需要考虑与会者在两地之间进行往返平均需要的时间,根据与会者的具体情况和天气条件,这段路程远近是否适合,是利用高效的公共交通工具还是必须由会议提供往返交通工具等相关问题。

③会议后的旅游、考察。目前,会议后的旅游、考察通常是会议承办者考虑范围之内的因素,在会议后往往安排一定的旅游活动,并且在会议策划、会议通知、会议邀请函中体现。此活动尤其适用于大部分与会者都是从外地来的情况。如果考虑这一因素,会议地点就应该临近主要火车站、机场。这样会议完成时,与会者通常会坚持到会议结束,参与旅游活动。

④会议期间的气候。会议地点的地理位置通常决定着那里的气候。北部地区在冬天天气寒冷,而南方夏天则过于炎热。季节的确是一个参考因素,但特殊的地理优势如温泉等也可能使人们对季节的一般预期大大改变。季节对与会者的影响还要受到他们预期和喜好的制约。

⑤会议服务的内容和服务水平。会议地点选择中还必须考虑会议地点的服务内容和服务水平。因为在现代的会议中,会议的组织者和与会者对于会议服务内容要求更为多元和广泛,比如会议组织者为使会议顺利进行,使与会者保持一个良好的身心状态来开会,往往在会议期间安排一定的娱乐活动,因此

在考虑会议地点的同时,还会考虑会议地点是否有可供娱乐的相关设施。并且对于会议地点的服务水平高低的评价也会成为会议地点选择的关键因素。

2)会议时间

会议时间有时也是一个影响会议效果的重要因素,会议是短时间的聚会活动,安排好会议时间意义重大。会议时间的安排往往涉及两个相互联系的方面:会议的起止时间,即会议开始和结束的两个时间节点;另外一个是会议的时间跨度,即会议从开始到结束所需要的时间跨度。

在会议时间安排中需要把握的原则:

①时机必须成熟。如果说会议的目的是为了解决问题,那么解决这些问题的时机成熟与否,则是会议的组织者在确定会议时间时,不得不首先考虑的因素。只有当解决问题的条件充分具备,时机完全成熟时,适时召开会议,才能水到渠成,瓜熟蒂落。时机未到,条件不具备,宁可推迟会议,否则,会议的效果就得不到保证,甚至还会适得其反。

②及时召开。问题迫切需要解决,条件也已具备,时机已经成熟,这样会议应及时召开。拖而不议,则会错失良机,贻误工作。

③会议时间要合理。合适的会议时间一是指会议召开的时间富有意义,能烘托会议的主题。比如,纪念性会议放在纪念日举行最能突出其主题;庆祝性、招待性会议安排在相关节日前夕召开效果最佳。二是指会议召开的时间有利于推动工作。比如,总结工作、安排计划的会议应当在工作完成之后、计划开始之前举行;工作性例会,如党委、校长、总经理例会等,一般安排在周一或周五。三是指举行会议的具体时间应当符合生理和心理规律,注意劳逸结合。

需要注意的问题:

①会议的主要领导人、嘉宾、报告人是否能在这一时间参加会议。

②会议的各项组织和准备工作是否能够完成。

③学术性会议、招标性会议、论证会、听证会等,与会者是否有足够的时间准备提交相关文件或发言材料。

④会议的具体日期一定要考虑周到,是否同与会者的民族风俗、传统节日冲突,避免伤害与会者的宗教感情。

⑤由法律法规、组织章程或议事日程明确规定会期的,应当严格按规定的会期召开,非特殊情况不得提前和推迟。

冗长的会议是使每一个与会者都深感头痛的事情,而过短的会议会造成讨论难以深入,于是会议究竟应当持续多长时间最为恰当,便成重要的问题。如同安排会议召开的道理一样,需要根据会议的具体情况恰当地进行判断。我们以例会和临时性会议为例来进行说明。

①确定长度。日常的例会一般都有着相对固定的议程和内容,而且与会者相对了解,对议题不陌生,所以时间安排上可以紧凑一些。一般来说,例会的长度在30~90分钟,会议效果较好。对于大多数例会来说,半个小时的会议长度虽然可能是非常高效的;但大多数会议无法做到;若想让会议达到最好的效果,控制在一个小时以内;而会议一旦超过了一个半小时,就会造成与会者疲劳、精神不集中以及抱怨。所以应根据自己掌控会议的能力以及与会者在会上的表现适时地把握会议长度。临时性会议的会议长度要根据会议的内容和形式而定。按会议需要持续的长度可以分为短期、中期和长期3种不同的形式。

a. 短期的会议。短期的会议通常是指时间在30分钟以内的会议。这样的会议一般内容简单而明确,更多的目的是为了与会者之间关于某个特定事务的信息的传递,而并不需要进行较深入的讨论。例如临时的碰头会,或大型活动之前的动员会等。这些会议都需要与会者精神的高度集中以及信息的高效交流。根据科学研究得知,一般人的这种精神高度集中的状态最多只能持续20~40分钟,所以这样的会议时间长度一定要控制在30分钟内结束,否则将会大大失效。

b. 中期的会议。中期的会议是指时间长度在30分钟至2个小时范围内的会议。这样的会议不但要求与会者进行深入的讨论,并且需要达成一定的决议,所以需要一定的议程和步骤。这样的会议包括临时的非正式会议、特别议事会、展示会议等。中期的会议最好不要超过2小时30分钟,否则,宁可采取休会的办法,另选时间再继续进行,避免最终也达不成任何决议或形成不成熟的决议。

c. 长期的会议。长期的会议是指会期在1天以上(包括1天)的会议,这样的会议一般包括法定会议,一些大型公司、机构或组织的年会等。在这种会议中,与会者一般需要一定长度的时间来相互了解,并对会议议题进行深入而广泛的讨论,做出的决议一般也具有长期性和持久性,所以非常重要。同时,长期的会议一般包括很多仪式,所以在会议长度上要给予较宽裕的时间安排。对会议具体长度的安排,要根据会议上所需议程和仪式等各项内容的多少来确定。另外,还应注意一点,会期超过1天的会议,必然需要安排成几个小会,每个小会的长度估算,可以在相同内容的普通中期会议时间长度的基础上,再加

10% ~ 15% 长度的仪式时间和 5% ~ 10% 长度的机动时间。

　　根据不同的情况确定了会议的时间长度,还应当适当地询问与会者对此会议长度的意见,以求能获得大多数与会者的一致认可。

　　②注意问题。会期的长短要依据会议的实际需要来确定。会议的实际需要一般要考虑多个问题:会议的各项议程是否能够完成;会议的发言是否充分;与会者能否充分表达意见;会议中是否会有临时动议提出,如果提出动议,大致需要花多少时间进行讨论和表决;是否需要留出一定的机动时间,以应不测。

　　会议时间的长短除了与会议的实际需要有关外,还与会议的成本和效率密切相关,一般情况下会议的时间越简短,成本越低,效率越高。满足需要原则的前提下,适当压缩会议时间,是降低会议成本、提高会议效率的有效手段。

2.2.5　确定会议的议程、日程、程序

1)会议议程

　　议程是会议所要通过文件解决问题的概略安排,用简练文字逐项写出即可。顾名思义,议程即是会议的程序表,它所涵盖的除了足以实现会议目标的各种议案,如主题规则等之外,还包括与会者姓名、会议时间及会议地点等项目。无论何时,只要可能,一份议程应该在会议召开之前准备好,如果来不及准备,一定要在会议开始之前花几分钟来建立议程。议程可以帮助主持者避免会议中的一些漫谈,能够从容地把大家带回到议程所列的诸项目中。

　　议程从属于会议主题,受会议主题支配,为主题服务。确定会议议程的目的是让与会人员对会议的主要内容心中有数,以便预先做好准备,确保会议质量。会议组织者应根据会议议题的性质、主次、轻重缓急,安排好先后顺序,保证会议的议程明确,重点突出,环环相扣,节奏适度。会议议程一般应打印成文,由会议组织者和主持者掌握,安排议程的依据主要有以下几点:

　　(1)会议类型

　　不同的会议,有不同的议程。一般大中型会议时间长,议程比较复杂,通常应安排开幕式、闭幕式、首长讲话、大会发言、分组讨论、会议总结等,与会人员较多的还应安排预备会。小型专题会议议程一般较少,如民主生活会、学术讨论会、经验交流会、动员大会、总结表彰会等,主持者即席宣布,与会者心中有数即可。法定的程序性会议的议程通常是固定的,如党代会和团代会、学术年会、

成果鉴定会等。有的会议,议程一经确定应发"安民告示",如党委会和常委会、形势分析会、答辩会等,以便与会者利用会前时间进行广泛调查研究,做到心中有数,有准备地参加会议。有些会议的议程,不仅包括室内活动,还有现场观摩内容,如现场观摩会、成果汇报会等。

（2）会议主题

会议主题是确定会议议程的重要依据。会议主题的性质是多种多样的,有的是传达党和国家法定例会精神,有的是上级指示要求研究、讨论的问题,有的是下级请示需要答复的问题,有的则是本级领导机关工作中遇到的问题。凡是为了贯彻落实上级指示,完成某项具体工作任务的会议,其议程一般包括传达学习上级文件、分组讨论、制订措施、大会集体讨论。这类会议议程的重点要确保上级指示在本单位的贯彻落实。为研究下级请求答复的问题而召开的会议,应紧扣请示什么、如何答复来安排议程。因为其政策性和原则性比较强,且没有明文规定或先例可供借鉴和参考,应将其列入会议议程,提交与会人员认真研究讨论,形成决议并做出答复,也可形成政策、制度、规定下发执行。为解决本级领导机关在领导活动中遇到的重大问题而召开的会议,议程则应围绕分析问题、查明原因、指定措施来安排。

（3）保障条件

安排会议议程还应充分考虑保障条件。条件具备时尽可能安排得丰富些,条件有限时则应本着简便易行的原则安排。如会议经费充裕、道路条件较好、车辆较多时,可安排现场参观活动,以丰富会议内容。没有这些条件,安排就要从简。

安排会议议程还应注意以下几个问题:

①顺序要正确。议程的先后顺序非常重要,切不可前后倒置或杂乱无章。这就要求组织者会前要进行周到细致的安排,重要的议程还要事先进行预演和排练,防止出错。会议过程中如因组织不周出现差错或失误,轻则影响领导机关的威信,重则造成工作的被动或失误。

②多少要适度。一次会议议程既不能安排过多,也不能太少。议程过多,因与会人员的精力和时间所限,可能议得不深不透,从而难以统一思想认识,议而不决,使会议收不到应有的效果;议程太少,会议过于松散,浪费时间。此外,还应考虑到会议的性质、内容、方法、目的和要求的不同。议程应逐项、逐段周密细致地安排,确保不错、不漏、不互相冲突。

③操作性要强。议程是具体、详细、实际的活动内容。议程明确具体,与会

人员才能集中精力围绕议程开展活动,发言讨论才能抓住中心和重点,才能避免不着边际,离题万里。在具体安排上,要注意将同类性质的议题集中排列在一起,以便引起与会者的高度重视,起到强化、深化的作用,以便使会议讨论透彻。在时间上,要把保密性强、涉及人员范围小的议题排在后面,以便无关人员届时退席。

④主次要分清。当会议议程较多时,要注意分清主次轻重缓急。一般情况下,重要的、急需解决的问题,可安排在前面,一般性问题可放在后面。因为会议前期人们的精力比较充沛,议事效率较高,把重要的、急需解决的问题放在前面,便于集中精力研究解决。有时虽然有些议题很重要,但议决的难度较大,可按先易后难的原则,把它放在后面,而先议比较容易解决的问题,以提高议事效率。

⑤要留有余地。做任何工作都要留有余地,以应付临时出现的各种情况,安排会议议程亦应注意这个问题。如果时间安排得过紧过满,一旦出现临时情况就无法应对。因此,时间安排要留有余地。机动余地大小视会议规模而定,时间较长的会议一般留半天至一天左右的机动时间。

2)会议日程

会议日程是指每天的各项会议活动按单位时间的具体落实安排。会议日程不仅细化议程框架内的全部议题性活动,还要具体安排会议过程中仪式性活动,有时还可以包括其他的辅助活动,如招待会、参观、考察、娱乐等。

(1)会议日程的作用

①保证会议议程的具体实施。会议议程总的来说较为原则、概括,具体实施时必须将其时间化。会议日程将议程的各项内容落实到具体的时间单元,这对圆满完成全部议程起到了时间上的保证作用。

②方便与会者。会议日程制订后要发给每个与会者。由于会议日程在会议内容时间、地点、出席范围等方面的规定准确清晰、一目了然,使与会者既能了解会议的总体安排,又可事先知道每项具体活动的时间、地点和要求,这就给他们提供了极大的方便。

③提高会议的效率。科学的会议日程能够使各项会议活动形成一个和谐有序的整体,能够充分激发与会者的热情和斗志,合理分配精力和注意力,同时也能对各项活动的时间做必要的限制,最大限度地节省会议的时间和费用。因此,制订会议日程是提高会议效率的重要手段。

（2）会议日程策划的方法和要求

①全面准确地把握会议的议程、仪式性活动和其他辅助活动的关系，突出会议的议程安排，同时注意各项活动之间协调性。

②对完成各项具体活动所需要的时间进行预测。预测的依据主要是：第一，上届会议上同样的活动所花的实际时间；第二，本次会议的议题和其他活动的增减情况；第三，每项议题的发言人数和发言时间；第四，每项仪式性和辅助性活动大致所需的时间；第五，中间休息时间。

③既要贯彻精简、高效的原则，又要科学、合理，做到紧中有松，劳逸结合，符合人体生理和心理活动的规律，以提高会议活动的质量。心理科学家的试验表明，人的精力、体力每天呈规律性变化，其高峰出现在上午 10 时和下午 4 时左右。这时，人的思维最清晰、情绪最饱满、精力最充沛、注意力最集中，是安排重要会议活动的最佳时段。

（3）会议日程的书面结构

①标题。由会议全称或规范化简称加上"日程"或"日程安排"、"日程表"组成。

②稿本。会议日程如果要在大会上或主席团会议上通过，在提交时应写明"草案"，用圆括号括入，置于标题之后或者下方居中。

③题注。在大会上或主席团会议上通过的会议日程，应当写明题注，具体写法同会议议程。一般会议的日程如在标题中已经显示会议年份信息的，则可省去不写；如标题未显示年份信息，在其他部分也未显示的，应标明年份，以便阅读者了解会议是哪一年举行的。

④正文。正文部分有两种格式：

a. 表格式。表格式的优点在于会议活动的各项安排清晰明了，适用于需要交代各项具体信息的会议。表格式日程以会议具体活动的内容、主持人（召集人）、参加对象、活动地点、活动要求（备注）等项目为"列"或"行"，以日期和单位时间为"行"或"列"。单位时间一般以上午、下午、晚上为单元，如有必要，也可利用中午和傍晚的时间。每个单位时间可再分成几段，以适应不同会议活动的需要。

b. 日期式。日期式即按日期先后排列会议的各项活动。

⑤落款。一般由会议的秘书处落款，也可省去。

⑥制订日期。写法同会议议程，也可省去。

会议日程表如表 2.1 所示。

表 2.1　2005 年博鳌论坛会议日程表

时　间		地　点	内　容
11 月 17 日 （星期四）	全天	各指定接待酒店	报到
	18:00~19:00	中山香格里拉大酒店	欢迎宴会
	19:00~21:00	中山香格里拉大酒店	"中国国际广告模特大赛"颁奖晚会
11 月 18 日 （星期五）	09:00~12:00	中山市文化艺术中心大剧场	开幕式暨全体大会 主题:全球化与亚洲文化价值观论题: ·全球化与亚洲统一价值观 ·文化产业在国民经济中的地位 ·亚洲自由贸易的发展对文化产业的影响 ·亚洲文化产业展望
	12:00~14:00	中山香格里拉大酒店	主题午餐会 主题:文化交流与国家间关系(政要主旨演讲) 参加人员:VIP 嘉宾(其他代表在各自酒店用餐)
	14:30~17:30	中山市文化艺术中心大剧场	分会之一:现代科技对文化产业发展的影响
		中山市文化艺术中心小剧场	分会之二:全球化时代的文化多样性与文化产业
		中山市文化艺术中心电影城君里厅	分会之三:体育产业与文化产业的发展机遇
	18:30~20:00	中山香格里拉大酒店	招待酒会
	20:00~22:30	中山体育馆	"好莱坞(中国)电影节群星璀璨夜"文艺晚会
11 月 19 日 （星期六）	09:00~12:00	中山市文化艺术中心大剧场	分会之四:资本市场发展与传媒产业发展模式
		中山市文化艺术中心小剧场	分会之五:创意经济的发展
		中山市文化艺术中心电影城君里厅	分会之六:全球顶级赞助企业的体育战略规划及实施(案例分析)
	12:00~14:00	中山香格里拉大酒店	主题午餐会 主题:投资亚洲的娱乐传媒业 参加人员:VIP 嘉宾(其他代表在各自酒店用餐)
	14:30~15:30	中山香格里拉大酒店	新闻发布会
	16:00~17:00	中山香格里拉大酒店	国际文化、体育资源中国企业合作洽谈

会议日程日期式如下：

2005 博鳌房地产论坛——会议日程安排

全程时间：2005 年 7 月 29 日至 8 月 1 日

地点：新博鳌厅（博鳌金海岸温泉大酒店）

2005 年 7 月 30 日上午

09：00～09：45　开幕大会

"博鳌地产共识"宣读仪式，为本届论坛揭幕

9：45～12：00　主题演讲：2005 变革中的中国房地产

9：45～10：05　主题演讲：①对地产新政、国八条及 2005 年地产政策的探讨

②房地产基金、信托如何实现房地产资金多元化

演讲人：聂梅生（全国工商联住宅产业商会会长）

10：05～10：10　聂梅生答问

10：10～10：30　主题演讲：利益均衡与长期发展

演讲人：樊纲（中国国民经济研究所所长）

10：30～10：35　樊纲答问

10：35～10：55　主题演讲：建立稳定的可预期的房地产投融资政策

演讲人：李伏安（中国银监会政策法规部副主任）

10：55～11：00　李伏安答问

11：00～11：20　主题演讲：中国金融与房地产市场未来发展

演讲人：易宪容（中国社会科学院金融研究所金融发展室主任）

11：20～11：25　易宪容答问

11：25～12：00　对话专场：主题宏观调控、信贷紧缩下中国房地产如何走出资金困局

媒体主持：莫春（焦点房地产网新闻中心主任）

对话嘉宾：李伏安（中国银监会政策法规部副主任）

黄沁（香港诚信资本有限公司董事长）

张在东（锋尚南京董事长兼总经理）

庄宗泪（北京建华时代房地产有限公司董事长兼总经理）

12：20　多美适别墅电梯·招待午宴（博鳌金海岸温泉大酒店博鳌厅、御园中餐厅）

3）会议程序策划

现代会议活动的综合性日益增强，大会、中会、小会、会议、展览、仪式，各种

形式的活动相互交织,相互配套。因此,一次规模较大的会议,或者综合性较强的会议,往往可以分解成若干单元的活动。这些单元活动既和大会融为一体,又可自成体系,相对独立。这样,大会的议程安排只能非常原则和概括,不可能照顾到各个单元活动的细节。而单元活动本身又必须安排一个顺序,这样就出现了会议程序这个概念。

会议程序是相对于会议议程、会议日程的专门术语。其含义是指在一次相对独立的单元活动中将所有的工作环节和活动细节按照时间先后加以排列而形成的顺序。需要制订程序的会议有两类:一类是大会中的单元活动,如大会的开幕式、闭幕式、选举、表决等;另一类是单独举行的仪式,如签字仪式、颁奖仪式、开工仪式等。

(1)会议程序的特点和作用

会议程序的特点是详尽性、明确性和可操作性。会议程序要比会议议程和日程更具体,可对每项发言、每项活动细节的名称、主持或发言人的身份以及发言限定的时间都做出明确规定。比如重要仪式中的奏国歌或唱国歌、升旗、颁奖(谁向谁颁奖、颁什么奖)、献花(向谁献花)等细节,都要做出具体说明。这样,会议程序可以让与会者详细了解每项单元活动的具体内容及时间顺序,同时便于会议主持人掌握会议的进程。

(2)会议程序的书面结构

①标题由活动名称(全称或规范化简称)加上"程序"或"顺序表"组成。如"中华人民共和国第八届运动会开幕式顺序表"。

②题注。标明活动的具体日期、地点、主题、主办单位等信息(标题中已显示的信息可省去)。

正文有两种格式:

a.序号式。用汉字或阿拉伯数字标引各项具体活动,列出相应的活动步骤和细节,详细、明确。

b.时间序列式。把各项会议活动以较为精确的时间排列先后,其优点是容易控制各项活动的时间。

会议程序如下:

××大学"终身教授奖"颁奖大会程序

一、司仪宣布:请参加今天颁奖大会的领导和获"终身教授奖"的朱××教授、张××教授、姚××教授、钱××教授上主席台就座

二、司仪介绍出席会议的领导人和主要来宾

三、司仪宣布:今天的颁奖大会由校党委副书记×××教授主持

四、主持人宣布:××大学"终身教授奖"颁奖大会开始,全体起立,奏国歌

五、校长×××教授做主题讲话并宣读《××大学关于授予朱××、张××、姚××、钱××"终身教授奖"的决定》

六、市教育党委书记、市教育委员会主任、校党委书记、校长分别向朱××、张××、姚××、钱××颁发"终身教授奖"证书和奖章

七、学生代表向获奖教授献花

八、朱××教授讲话

九、张××教授讲话

十、姚××教授讲话

十一、钱××教授讲话

十二、校党委书记×××讲话

十三、市教育委员会主任×××讲话

十四、市教委党委书记×××讲话

十五、主持人宣布××大学"终身成就奖"颁奖大会结束

4)议程、日程和程序的区别

会议议程、会议日程和会议程序都是关于会议活动顺序的安排,它们之间的区别在于:会议议程是整个会议议题性活动顺序的总体安排,不包括会议期间的仪式性、辅助性的活动。其特点是概括、明了,一旦确定,不得任意改动,凡有两项及两项以上议题的会议,都应当事先制订议程;会议日程是将各项会议活动(包括仪式性、辅助性活动)落实到单位时间,凡会期满1天(即两个单位时间)的会议都应当制订会议日程。会期只有半天的会议,如果都是议题性活动,只需制订会议议程。既有议题性活动,又有仪式性活动和其他活动,可制订会议程序;会议程序则是一次单元性会议活动或单独的仪式性活动的详细顺序和步骤,规模较大、活动较多、会期较长的会议,往往同时制订会议的议程、日程和程序,以适应不同层次活动的需要。以举行颁奖、选举、揭牌等仪式为主的会议活动,一般只制订会议程序,不制订议程。

目前,会议议程、会议日程和会议程序3个概念在实际使用中十分混乱,其中最主要的问题是模糊了三者的界限。例如,该称之为日程或程序的却叫做议程,或者把会议程序称之为会议议程,等等。因此,在会议策划中以及在这3个文案制作时,要严格区别界限,准确使用名称。下面是一个同时制订会议议程、日程和程序的例子,可供参考。

某公司举行首届职工代表大会,会期共3个单位时间。会议筹备当初,筹备处秘书组只拟写了一份较详细的会议日程,以为这样就行了。后来学习了有关法规和规章,听取了各代表团的意见,认识到企业的职工代表大会也是法定性会议,程序性会议文书的制作也应当规范和准确。于是,分别起草了《××公司第×届职工代表大会第×次会议议程(草案)》《××公司第×届职工代表大会第×次会议日程》《××公司第×届职工代表大会第×次会议开幕式程序》三份会议秉书提交给大会筹备处,得到了领导和代表们的首肯。

2.2.6 确定与会人员

1)确定与会人员的原则

确定与会人员最重要的原则是选择适当少数的人。这个原则说起来容易,但是做起来却比较难。因为总是有人觉得自己应该参加会议,但是却不能为会议有所贡献,或是从会议得到什么。有的人虽应该参加会议,但是他们却觉得无法为会议有所贡献。确定参加会议人选要先想想正在计划中的会议是属于哪一种类型。如果它是一个提供信息的会议,那么与会者应是那些需要知道这个会议所提供的信息的人;如果这个会议是解决问题的会议,就需要那些可以提供知识经验的、影响会议决定的人,以及那些愿意为这个问题的解决做出贡献的人来参加。

通常,在决定与会的人选时要遵循以下两个原则:

(1)选择对实现会议目标有潜在贡献的人

会议既然是以目标的实现为导向,因此在决定与会者人选时应优先考虑的是:邀请对实现会议目标有潜在贡献的人参与。例如庆典、纪念会等隆重会议邀请相关的上级领导参加,以显示会议的重要性。

(2)选择因参与会议能够获得益处的人

现代会议业中,邀请参会人员是非常重要的工作,特别是在商业性会议中,因此对于选择邀请参会人员时,要考虑那些可以通过会议获得各方面益处的相关人员,当然在会议议题设置中应该考虑不同与会者对会议益处的预期。

需要特别留意的是,与会者人数不宜太多。理由有3个:

①会议的成本非常昂贵,因此没有必要出席或列席的人士,尽量不要让他们参加。

②会议人员越多,会议的效率可能越低,会议控制越难。

③随着与会者人数的增加,沟通将趋于困难。

2) 筛选与会人员标准

无论会议其他方面工作准备得多充分,最关键的还是在于参加会议的人。所以筛选与会者的名单,是组织会议工作中最重要的一环,也是会议准备工作中难度最大的一环,很多会议主办者为确定与会者的名单而大伤脑筋。通常我们可以采取3个"有利于"标准来确定。

(1)有利于会议的顺利进行

成功的会议自然希望能够顺利进行,然而由于各个与会者的立场不同,就会对会议的进程产生不同的影响。为了让会议顺利进行,需要关注以下3类人:

①代表着一个团体或群体的人。一般来说,会议应当是以个人的身份参与,但有的与会者可能是代表着一个团体或群体的利益来参加会议。如果拒绝这样的人参与会议,很可能会立刻引起一个群体的不满和愤怒,让他们有一个适当的途径来充分表达自己的意见,应当是管理者采取的一种明智的必要措施。

②对会议的协调作用不可或缺的人。协调者对会议来说是非常必要的,他们可以防止会议因与会者之间一时的不妥协而夭折。一般来说,会议主持人或其他组织者应当扮演会议协调者的角色,但他们并不一定都能够完全胜任,所以另外还需要其他与会者来大力发挥会议协调者的作用。这种人可能是人缘很好的人,可以在不同的与会者之间做"和事佬";也可能是公认做事公平公正的人,在关键时刻的表态可以得到大家的一致认可。

③如果不按其意思办,就会大吵大闹的人。对于这样的人,原则上应尽量避免让他们参与会议,因为他们很可能会令会议中途夭折。但有时候如果不让他们参加会议,可能同样会造成事态严重性的扩大,那么就要谨慎地安排,例如让更有权威的人士同时参加会议,充分利用权威人士来压制他们可能在会议上采取的行为,以此来尽量控制他们对会议的不良影响。

当然,在这里需要注意的是,"必不可少"依然应是选择与会者的第一条件。

(2)有利于议题的讨论

我们明确会议的目的,就是对议题进行讨论并得出结论,所以与会议的议题有关,应当是与会者的重要条件。但与议题有关的人员还可能依然是一个庞大的数字,可以按照以下的标准进行筛选:

①跟讨论议题有直接关联的人。如果召开涉及某部门问题的会议,那么部门负责人就一定要到场;而如果是关于职位调整方面的会议,那么负责人事工作的领导就不可缺席。因为直接关联人员应当对议题最为熟悉,也最有发言权。这种人员到会,不但可以帮助其他与会者客观详尽地了解情况,而且会议的决议由于他们最直接的参与也很容易达成。

②可以提供专业或独家信息的人员,令讨论更有效率地进行。不同的人员,他们信息的来源途径也不尽相同。有些人由于专业性或消息渠道的缘故,可以得到较之大众更快更准确的消息,这些消息往往会对决策起到决定性的重要作用。为使会议获得预定的效果,就需要让这些拥有专业或独家信息的人参加会议。

③有利于会议组织者的意愿表达,对于会议组织者来说,重要的不仅是会议议题的讨论和会议进程的顺利,还要使自己的意愿能够在会议上得以充分表达。所以对于会议组织者意愿的表达所可能持有的态度和表现,自然也应当成为选择与会者的参考标准。一般来说,谁会支持意见,谁会反对意见,自然应当成为筛选与会者的重要标准之一。

2.3 会议相关文件证件准备

2.3.1 会议通知准备

(1)会议通知的作用

会议通知是告知与会者有关与会事项的会议文书,是传递召开会议信息的载体,是会议组织者同与会者之间会前沟通的重要渠道。拟发会议通知是会议准备工作的重要环节,具有以下几方面的作用:

①传递会议信息。会议通知可以传递有关会议的内容、性质、方式、时间、地点等基本信息,以便与会者做好充分的准备,按时赴会。

②收集信息。收集与会者提出的议题、对会议议程的意见、提交的论文或报告以及其他需要在会议上进行交流的文件,以便进一步完善议题议程,审定或评选论文、报告、成果和其他交流性文件。

③反馈信息。向会议组织者反馈与会者的有关信息,如姓名、职务、人数等,为会议的接待工作做准备。

④履行相关义务。在一些法定性会议中,正式成员具有出席会议的法定权利,向他们发出会议通知是会务工作机构的法定义务,同时也是对与会者权利的尊重。

(2)会议通知的种类

会议通知有预告通知和正式通知两种。预告通知是在发出正式通知之前,为了让与会人员做好充分的准备,提前发出的预告性通知。会期较长的会议和学术性会议,通常需要发预告通知,有些预告通知要附回执,方便统计与会的相关信息。

(3)会议通知的内容

①告知会议目的;

②告知与会应知事项,包括时间、地点、与会要求等;

③告知应做准备事项,包括人和物品及与会相关资料准备等;

④其他与会者的名单,包括姓名、联系方式等。

会议通知经会议负责人批准后发出。

(4)会议通知的结构

会议通知篇幅不长,但告知项目必须齐全、明确、具体。会议通知的一般结构包括标题和正文两部分。会议规模、性质不同,会议通知的写法也不同。

①小型会议会期不长,告知事项简单,会议通知的写法也相对简单。一般结构为:

标题:一般写"会议通知",或"关于召开××××会议的通知",不宜只写"通知",甚至不写标题。

正文:写明会议时间、地点、内容、出席(列席)人及与会有关要求。

②大型或重要会议会期长,内容丰富,告知事项比较多,通知的写法就相对复杂一些。一般结构为:

标题:通常写法是"关于召开××××会议的通知"。

正文:通常包括开会缘由、赴会应知事项和要求。"开会缘由"写明召开会议的原因、目的、任务;"应知事项"写明会议内容议程、时间及会期、地点、出席会议人员、报到时间、报到地点及方式、应带材料、注意事项等,有些会议还要说明代表资格、名额分配等。

说明:写明有关联系方式、电话、联系人等。有外埠与会者,要说明接待办法。

（5）会议通知的形式

一般情况下,会议通知最好是在开会前一个星期寄到与会者手中,因为现代人在安排各种活动时,多半提早一个星期做规划,而且一个星期的时间足以做好开会前的各种准备工作。超过一个星期的会议通知比较容易被遗忘,因此当有必要发出超过一个星期的会议通知时,最好能在开会前两三天设法再向与会者提醒开会时间。除非是紧急会议,否则不要发出短于一个星期的会议通知。太匆促的通知,不但令与会者来不及做好会前的准备工作,而且也很容易令他们觉得会议召集人把他们当作"呼之即来"的人物看待,从而也不能引起与会者对会议的重视。

常见的会议通知主要有:口头通知、电话(传真)通知、书面通知、电子邮件。

①口头通知。口头通知最突出的优点就是快捷、便利,适合于与会人员较少的小型会议。当然口头通知也有弊端,比如责任的问题,因为传达通知时,是以声音为媒介进行的,不易保存;事后,如果接受通知的人员遗忘了这件事情,或者没有完全弄清楚具体的开会时间、地点以及会前要做的准备工作等,对会议的顺利进行就会带来不利影响。所以,比较正式的会议一般都不采取口头通知的方式。

②电话(传真)通知。目前,大多数会议都采用这种方式通知。以电话(传真)为媒介传递信息,快捷、准确、到位。一般情况下,成本也不是很高。

③书面通知。书面通知是一种传统的方式,它适合于大型会议,如果会议所涉及的面广、人员多,那么在召集各方与会人员参加会议时,最理想的方式也许就是书面通知。由于书面通知需要一定的传递时间,所以要提前准备,如果在预定的时间内,对方没有收到,还需要及时补发,让对方尽快知道参加会议的事宜,以便做相应准备工作。书面通知的方式效率比较低,如通知材料的起草制作、邮寄(或专人传递)等,经过的环节较多。但是,书面通知对于议题比较多的会议,也是很有必要的,因为通过书面材料可以将有关事宜交代得清清楚楚,对于与会者来说,可提供很大的方便。

④电子邮件和网络平台。它是在信息技术高度发展的今天产生的,它综合了上述3种方式的优点,并且大大降低信息传递中的损失,及时、快速,能够在第一时间告之与会者参加会议,特别是在企业内部的管理系统中成为重要的一个部分。

(6)会议通知的发放

会议通知拟好后,就要进行发放工作,如前所述,会议通知一定要提前发放,这样与会者可以早做准备。

①准备和分发会议通知。会议通知应按有关章程或规定办理。一般来说,规模较大、较为重要的会议都应以书面形式通知。在特殊情况下还可采用公告的方式,如果参加人数不确定,可在报上刊登公告。除了公告通知外,必须确定送达被通知人的,并取得相关的收讫的证明(例如签收、收据、挂号信单据等),以免事后发生问题。接到通知的人不参加会议,是他自己放弃权利;但是组织者不发通知或通知有误,这是组织者的工作失误,应特别注意。

②打印会议通知。会议通知写好进行打印之后,通读打印稿全文,查看有无打印错误之处,进行校对,发现错误要及时修改,经主管领导确认无误并签发后,方可送到复印室复印。在复印之前还要统计复印的数量,留足备份,以备不时之需。

③发送会议通知。如果以信件的方式发送会议通知,请注意以下问题:要写清接收单位的地址和单位全称,有时还要写收信人姓名。特别要注意的是,单位名称不要任意简化,以免造成误解和错发。信封写好后要装入会议通知,并在封口之前仔细检查一遍是否装入了通知。通知装入信封之后,要逐个将信口封贴起来,防止失落。将名单与信封核对,防止遗漏或重复。

④注意事项包括:

a.对拟发重要的行政公文、重要人事变动通知要特别注意,不要出现发错的情况,造成不良影响。

b.一般的会议只发一次正式通知,有些会议需要发预备性通知,其常用于与会人需做大量会前准备工作如准备发言材料或方案的会议。

c.对于一些区域性、全国性乃至国际性会议,需要安排与会人员食宿和回程的,还要在发送会议通知的同时附上会议通知回执,以便会务人员安排接站和订购车、机票。

d.有时,会议期间要开一些小会,所以还有个会间通知的问题。会间通知要贴在醒目处,一定要写清会议的详细场所,最好在会上宣布或在饭前通知,否则,很难通知到所有与会者或有关与会者。

会议通知样式如表2.2所示。

表2.2　会议通知

城市污水处理产业化会议通知

各相关单位：

　　自1998年中国政府实施积极的财政政策以来,我国投资建设了一大批城市污水处理设施。海河、辽河、淮河、滇池、太湖和巢湖流域"三河三湖"水环境治理工程的实施,大大加快了这些地区污水处理设施的建设。特别是"十五"期间,我国政府加大了环境保护力度,一大批为改善水环境质量的污水处理建设项目已列入计划,这必将进一步推动环保产业及其市场的发展。会议将邀请人大环境与资源保护委员会、国家环境保护总局、国家计委、国家经贸委、建设部等各部委官员,及部分省市人民政府、环保局等有关领导及国家开发银行、市政建设管理委员会、水务局、从事给排水、污水处理的有关专家,大专院校的专家、教授参加。国际方面:拟邀请联合国工业发展组织、各国使馆商务处、世界银行、美国、德国、澳大利亚、加拿大等国金融投资机构参加。

　　一、会议内容:

　　1.讨论中国环境保护"十五"计划有关污水处理任务的落实与实施问题(其中包括重点流域的城市污水处理厂建设的分析,如何进一步推进问题;如何开展政策引导、投资多元化、污水资源化、推进城市供水价格改革、规划、领导和组织工作以及东、西部差异问题等)。

　　2.探讨中国加入WTO对我国水污染防治政策的影响及变化(中国加入WTO对我国城市污水处理的标准及产业、技术政策影响及变化等)。

　　3.探讨我国城市污水处理的新模式,以及如何推进水污染治理的企业化、市场化和投资多元化机制(中国城市污水处理现状及发展方向;有关污水处理厂建设投融资、银行方面的优惠贷款政策问题等)。

　　4.交流城市污水处理厂建设的经验(城市污水处理厂的企业化、一体化运营管理、经验,中水回用、配套管网建设、污水资源化问题;污水处理厂建设用地、使用方面的优先条件、政策等)。

　　5.交流探讨近年来国内外水污染治理技术(技术成果持有方、重点企业工程技术、产品实际应用介绍等)。

　　6.举办治理方和投融资方的洽谈、交流(技术持有方、污染治理企业、投融资方面对面交流、洽谈合作)。

　　二、参会对象:

　　各级环保局主管产业领导,国际财团、金融公司水务集团、国内从事水污染治理的环保企业、污染企业、给排水、地下管网企业、污水处理厂、工程技术方、产品设备供应商、投资商、环保骨干企业、各大高校、科研院所、设计单位等。

　　三、参会费用:

　　1.参会代表每人交会议费1 300元,主要用于会议场租、就餐、会议资料、投影仪器、交通及市内考察等。

2.会议住宿由会务组统一安排,费用自理。

3.请参会代表认真填写回执,并于2002年5月31日前邮寄或传真至筹委会。

4.会议特设技术专场,凡需要在大会上做工程实例及技术产品专题介绍,以期扩大应用的单位,国内单位须交2 000元人民币费用,发言时间以20分钟为限(名额有限)。请务必于2002年5月25日前将发言稿以电子文本的方式交至筹委会,以便刊登在《会刊》上。

5.参加展示的企业请在2002年5月31日前将"展示报名表"邮寄或传真至筹委会。展示费用标准为3 500元/(2 m×3 m)。

6.上述费用应提前汇入会议指定账户,如到会交纳请注明。

备注:本次研讨会可为企业的宣传及信息交流提供服务,提供场地广告位置,为企业产品展示提供条件,并欢迎各界赞助本会,相应回报及细节请来函垂询。详情请浏览会议网页:www.×××××××.com

四、筹委会联系方式:

地址:北京市××××× 邮 编:100700

电话:(010)××××××××

传真:(010)×××××××× 联系人:×××

电子邮件:××××@yahoo.com.cn

2.3.2 会议请柬

会议请柬,也叫请帖,是为邀请客人而发出的专用通知书。使用请柬,既表示主人对事物的郑重态度,也表明主人对客人的尊敬,密切主客间的关系,还可使客人欣然接受邀请。会议请柬是会议主办方邀请贵宾、参会者的专用文书。

会议的请柬通常分为两种格式。

(1)固定格式

使用批量印制的统一格式请柬,也可以用市场销售的统一格式的请柬填发。这种请柬应当有信封,请柬行文一般不用标点,也不提邀请对象姓名,而是将其姓名写在信封上,最后写主办单位的名称,也可由主人签名。请柬格式如表2.3所示。

表2.3　会议请柬固定格式

×××先生台启

为庆祝我公司顺利完成本年度销售任务，谨定于二○○六年×月××日（星期×）下午×时×分在××酒店××厅举行答谢酒会

敬请

光临

（请答复，电话：×××××××××）

××（主人姓名）谨启

二○○七年×月×日

（2）打印格式

根据会议活动的具体要求和对象的实际情况，专门拟稿后打印出请柬，具体格式如表2.4所示。

①标题：仅写"请柬"二字，居中，不能写"关于××××的请柬"。

②称呼：要写全称、尊称、不能写简称。

③正文：写明活动的目的、内容、形式、时间、地点等。由于请柬发送的对象都是上级领导、兄弟单位、合作对象、知名人士等，因此，语气用词一定要恭敬、委婉、恳切。如要确切掌握出席情况，可在请柬下方注上"请答复"的字样，涉外请柬用法文编写"R.S.V.P"；如只要求在不出席的情况下答复，则注上"Regrets only"（因故不能出席答复），并注明回电号码，也可在请柬发出后，电话询问能否出席。

④具名：以单位名义邀请的具单位名称并加盖单位公章，以示郑重。以领导名义发出的请柬，由领导人签署，以表诚意。

⑤日期：写上邀请日期。

表2.4 会议请柬打印格式

2003 年粤港经济技术贸易合作交流会

  谨定于 2003 年 7 月 9 日上午 10 时,在香港展览中心举办 2003 年粤港经济技术贸易合作交流会。

  诚邀阁下光临

  会议地点:香港湾仔港湾道 26 号华润大厦 D 座三楼香港展览中心

  会议内容:1.广东省政府领导做重要演讲

      2.特邀香港嘉宾致辞

      3.香港投资者介绍在广东投资的体会

      4.举行重大项目签约

      5.咨询和洽谈(下午 2 时至 5 时)

  主 办:广东省人民政府

  协办单位:香港贸易发展局

      香港中华总商会

      香港中华厂商联合会

      香港工业总会

      香港总商会

      香港中华出入口商会

2.3.3 会议邀请函

  会议邀请函是在现代会议活动中常见的一种会议文案,一般用于横向的商业会议活动,具有礼节性,发送对象是不受本单位职权所制约的单位或个人,一般召开各种学术会议、节庆会议、专业研讨会议、咨询论证会议、技术鉴定会议、贸易洽谈会议、产品发布会等,以发邀请函为宜。会议邀请函格式如表 2.5 所示。

2.3.4 会议文件准备

  会议文件是提请会议讨论和审议事项的文书材料。它是一种正式文件,有些是供会议讨论审议的,有些是会议进程中形成的,有些是为保证会议顺利进行而制作的。会议文件的准备,是会议顺利进行的重要前提,会议文件,特别是会议主旨文件的优劣,直接影响会议的质量。

表 2.5　会议邀请函

<table>
<tr><td>

2006 会议经济高峰会邀请函

尊敬的×××先生/女士:

　　您好!

　　由亚洲会展节事财富论坛、21 世纪经济报道、国际商报联合主办,VNU 媒体集团独家海外支持的首届中国(国际)会议经济发展高峰会将于 2006 年 8 月 18 日至 19 日在上海国际会议中心隆重举办。这是迄今为止国内首次举办的关于中国及国际会议产业经济的高峰会议!

　　会议业作为现代服务业的核心产业之一,一个国际性会议的举办将极大地提升地区或城市的知名度,促进技术贸易交流与合作。同时,也会促进当地旅游业、酒店业、交通业等相关产业的发展。从这种意义来说,会议是一个市场或区域经济的深度测试,是一个城市与国家经济发展的助推器与风向标。相信本次论坛将成为国内行业会议,会议行业企业、会议经济研究等多界广泛合作、交流的重要资源平台!

　　值此,诚挚邀请您拨冗出席本次高峰会,共同对话中国会议经济,打造城市会议名片效应,推进中国会议业的发展和进步! 特此致函!

　　顺祝

　　商祺!

亚洲会展节事财富论坛组委会
2006 年 5 月 8 日

　　附:首届中国(国际)会议经济发展高峰会议程
　　　　首届中国(国际)会议经济发展高峰会回执

</td></tr>
</table>

(1)会议文件类型

按照文件的性质和功能可将会议文件大致分为以下几类:

主旨文书:会议的主旨文书是会议的主要文件,包括大会报告、领导讲话、传达提纲、法律草案、计划草案、决议草案、开幕词、闭幕词等。

议案文书:提交会议审议的文书,包括议案、议案说明等。

信息文书:记录和反映会议概况和进程的文书,包括会议记录、会议简报等。

议决文书:会议议决结果的反映,主要有会议纪要、决议、决定、公报、公告、通知等。

事务文书:会议服务性的文书,主要有会议通知、参会指南、会议细则、代表须知、日程安排、代表名单、选举办法、生活管理制度、当地经济社会、风物特产介绍等内容。

（2）文件准备

大多数会议正式文件在会议召开之前就形成了，其准备工作是和其他会前准备工作同时进行的，这些文件由会议专设的文件筹备机构准备；会议过程中形成的文件，由会议秘书机构负责。会前准备的正式文件，大体上有以下几种情形：

①重要文稿由专门的写作班子起草，需要较长准备时间。

②一般会议文件由会议临时筹备机构和秘书部门负责。

③专业性和涉及部门业务工作的文件由职能业务部门负责。

④发言稿和各类交流材料由发言单位或个人准备。

（3）会议文件的准备工作

①文件撰写。会议文件的撰写是一件十分严肃而又细致的工作。它包括素材、数据及典型材料的搜集、整理，文件的起草与修改等环节。会议的各种文书，特别是会议报告、议案、决议、会议纪要等要认真撰写，各处细节均不可忽视。

②文件审核。会议文件的审核是确保文件质量和合法化的重要一环。会议主旨文件应由领导审定；其他会议文件由会议秘书长或秘书部门负责人审核；有些涉及职能部门业务内容的，则由有关部门负责人审核。

审核的重点是：

a. 内容是否符合党和国家的有关政策、法规；

b. 全局性和重要文件是否广泛征求意见并加以修改；

c. 涉及不同地区、部门的文件，事前是否进行了会商沟通；

d. 所用材料、数据是否真实、准确；

e. 文件格式是否统一规范。

③文件整理。会议开始前，要精心印制讲话稿、会议日程安排表、会场指示图、宾馆内部示意图，并将相关文件及附送的本市交通图等装订成册，注意不要缺页，并要便于携带和查阅。例如：可以在会议代表证的背面印制会议日程表，使与会者能及时查阅。同时印制这些文件要根据与会人数并注意留出足够的份数，以备与会人员遗失文件时用。印制好的文件要根据与会人员不同的单位、部门、级别整理好，以便分发。

④文件的印制和分发。文件印制要做到及时、统一、美观。"及时"是时间上的要求。随着会议进程的推进，相关文件要提前准备，留出足够时间校核、印制。"统一"是格式上的要求。会议文件要统一体式，用标准纸型印刷，统一标

志,统一字体字号。"美观"是版式上的要求。版式设计既要与会议性质相符,又要美观大方。会议文件的发放要做到准时、准确、分步。"准时"就是根据会议进程,将有关文件及时发放到位。一般情况下,文件都是提前发放,至于提前量可由秘书部门酌定。即席发放的文件,与会者就会以"即席"发言待之,就不可能有成熟的意见。"准确"就是文件发放要准确无误,该发什么文件,文件发给谁,都要十分准确,不能错发,最好邀请与会者签收。"分步"是说要根据会议进程安排,有序发出,不能图省事一次性发放。要尽量避免将许多文件堆在一起发放,这样不利于与会者按会议进程阅读文件材料。

2.3.5　会议回执与会议报名申请表

在会议文件的准备中,会议回执和会议报名申请表是会议邀请函中重要的文案部分,在会议运营管理的过程中,会议主办方将发会议邀请函给预备参会者,其中将附会议回执或会议报名申请表。这便于统计参会人数,做好相应的准备。同时便于收集和反馈参加对象的基本信息和要求,以便安排会议接待工作,也有助于根据参加会议人员要求,确定有参会资格人员。同时会议回执可以让会议主办者明确会议通知对方已经收到。会议回执和会议报名申请表的基本内容包括:

①参加对象的基本信息。

②抵离情况。抵离时间、到达和离开方式等。

③参加会议活动的议题和内容。

④会议的费用说明。

⑤如会议要求论文或研究报告提交,要注明时间和方式等。

⑥通讯方式。通讯方式包括主办者和参会者的通讯方式注明和填写。

会议回执格式如表2.6所示。

表2.6　××会议回执

姓　名		性　别		职务(职称)	
单　位					
联系电话		手　机		邮　编	
通讯地址、邮编			E-mail		
到会日期		航班号(车次)			
是否需要订票		返程日期			

会议报名申请表格式如表2.7所示。

表2.7 第二届中国国际会展文化节报名表

姓 名			先生/女士
机 构		职 位	
地 址		邮 编	
电 话		手 机	
电子邮件		传 真	
分组会议	共计6场分论坛,请选择(请按照您所从事的工作选择,只可选择一场,名称前划"√") □ 展览活动的策划与创新 □ 会展场馆的可持续发展 □ 城市会展业发展的难点与解决之道 □ 展览搭建企业评级标准的核定与推广 □ 海外市场——展品运输业的增长点 □ 会展人才需求与培养体系创新 我希望在分组会议上发言(不收费,但须围绕主题),我发言的题目是: _____ 我单位将选送文艺节目在"会展人之夜"晚会上演出 节目名称:_____表演者:_____ (推荐节目并获准演出的单位,主持人将在节目演出前对推荐单位做简要介绍)		
住 宿	会议指定酒店:南湖宾馆 我预订: □ 单间(是否携家属:□ 是,姓名:_____ □ 否) 　　　　　　入住时间:□ 22日 □ 23日 其他请注明:_____ □ 合住 　入住时间:□ 22日 □ 23日 其他请注明:_____		
报名日期		到款金额	
备 注			

备注:收费标准(包括接送费、资料费、礼品费、餐费、住宿费、长白山游览费等):

　　　合住:3 200元/人 单间:3 800元/人(另加800元即可带一名家属参加全部活动)

　　　特别优惠:

　　　1.同一单位有2人交费参会,可免费在商务休闲广场摆放宣传展板(客户提供素材,组委会免费制作);

2.同一单位有 3 人交费参会,可在会刊刊登半页企业介绍。

账户信息:

开户名:北京界上传媒有限公司　开户行:中国银行北京霄云路支行

账　　号:×××××××××××××××××××

联系人:中国国际会展文化节组委会秘书处

　　　　×××先生　电话:0086-10-×××××××

　　　　×××女士　电话:0086-10-×××××××

　　　　×××先生　电话:0086-21-×××××××

　　　　24 小时传真:0086-10-××××××××

会展文化节网址:www.cce.net.cn/caefl

2.3.6　会议相关证件的准备

会议证件,表明与会者的身份、可以享受的权利以及应尽的职责,它可以起到证明身份、维持会场秩序、维持与会者安全的作用。

1)会议证件的类型

会议证件分为 3 种,一是证明与会人员身份,如出席证、列席证、来宾证。二是标明工作人员身份的,如工作证、记者证。三是车证和司机证。制发证件要根据具体情况来定。有的会议无需证件,如在单位、企业内部召开的会议;有的会议只需发入场券性质的证件,如报告会。

2)会议证件的式样和内容

会议证件的式样通常设计成长方形的胸卡或襟牌,横式、竖式均可,随着现代科学技术的发展,运用现代科技手段的 IC 卡也开始使用。例如在上海 APEC 会议期间所使用的证件种类多达 150 种,为保证 APEC 会议的顺利进行,在制证期间采用最先进的带芯片的证件和非接触性识别系统,保证会议的顺利和安全进行。

3)会议证件的内容

①会议名称。必须写全称,法定性会议通常使用比较庄重的字体,如黑体、宋体等。如果是学术会议、庆祝大会等一些非法定性会议,字体设计可以艺术化。

②会徽。会议如有会徽,可将其印在会议证件上。纪念会可以用画像代替。

③姓名。写现用名,不写曾用名或非正式的英文名。

④照片。一寸免冠照片,并加盖会议秘书处的钢印。

⑤证件种类,即标明"出席证"、"列席证"、"工作证"等。要用较大的字号,便于识别。

⑥组别或代表团名称,要写全称。

⑦证件编号,如与签到证合制,可用一组数码代表与会者的姓名、性别、身份、来自地区、组别等信息,便于用自动签到机签到。

⑧会议日期。会议的起止时间。

⑨持证须知。为加强证件管理,往往在证件背面对持证人提出一些要求,例如"不得转借"、"涂改无效"等称之为"持证须知"或"注意事项"。

会议代表证件样式如表2.8所示。

表2.8 会议代表证

2002昆明市春运公路客车价格听证会
代 表 证

4) 物证

为会议专用物品配备或加印专门的标记,其目的是方便会议组织人员管理。一般情况下可分为:

①车证。为会议专用车辆配发的专用证件。

车牌:为会议专用车辆制发临时车辆牌照。例如:某年某地举办举世闻名的重大会议和活动,专门制作临时特别车辆牌照,发放给为会议服务的车辆使用。

车辆标志:为会议专用车辆特制的车辆标志,可与车辆顺序号码牌合二为一,放置在会议车辆前后挡风玻璃处以及上下车门旁,主要是方便与会人员辨认,工作人员、交通指挥人员管理。在大规模的会议期间,为方便辨认,可将不同车队(部门、地区)的车辆标志用不同颜色加以区分或是通过不同颜色划分车辆的管理级别和授权级别。

②专用物品证。为会议的专用物品贴印特制标志(专用印记),例如:机器、设备、桌椅、服装、器材等,还可以贴在参加会议人员的行李上,一般都标记上姓名、单位、地点、会议名称等内容,目的是方便会议工作人员辨认、维护和管理。

5)会议证件制作的注意事项

①为便于辨认与会人员的身份,同一会议的不同身份与会者的证件当用不同的颜色和字体加以区别。要求字体要明显,便于辨认。

②会议证件的设计风格要与会议的性质和气氛相一致。例如,庆祝、代表大会的代表证可以采用红色衬底,以体现喜庆的气氛,学术性会议可以采用蓝色衬底。

③涉外会议证件应用中文和所涉及国家的语言文字或英文制作,外文在中文下方。

④会议证件的佩带和佩挂要方便、牢固、不易脱落。

2.4 会议设施与会场布置准备

2.4.1 会场设施与会议用品

1)会场设施与会议用品的作用

对于大型公开性会议或各种专业研讨会等,会议各种设施和用品的准备工作是很重要的。会议设施欠缺、布置不合理或使用不方便,都会分散与会者精力,使之不能很好地专注于会议,严重影响会议进程。概括说来,会场设施和各种会议用品主要有以下几方面的作用:

(1)创造舒适和安全的环境

如桌椅、照明灯具、空调、安全通道、消防设施、车辆等能使会议的环境舒适、安全,从而提高会议的效率。

(2)克服语言交流障碍

如翻译机、同声翻译系统等,可以使不同的语言在同时同地实现无障碍交流。

(3)记录和传递会议信息

如纸、墨、笔、摄像机、录音机、录音笔等最基本的用品。扩音机、幻灯机、投影仪等设备可以提高会议信息的听觉和视觉表达效果。

（4）营造会议气氛

如标语、口号、旗帜、桌布、桌牌、花卉、音乐等，对会场气氛起着不可小觑的作用。

（5）提供会议服务

如茶水、矿泉水、饮料等和相应的杯具、茶具，如果在会议过程中安排茶歇，还应安排水果、茶点、咖啡等。

（6）使高技术会议成为现实

如电话会议、电视电话会议、计算机网络会议、技术培训会议等离不开电话机、电视机、计算机和相应的网络设备。

2）会场设施与会议用品的准备要求

（1）会前制订计划

会务工作机构或会务工作人员应在会前根据会议需要制订详细的有关物品和设备的使用计划，作为会议预案的附件，报请会议的领导机构审定。计划内容应包括：

①所需物品和设备的清单，包括名称、型号、数量。

②物品和设备的来源，如租借、调用、采购等。

③所需的费用。

（2）落实专人负责

会议物品和设备的准备、安装、调试和使用是一项责任性和技术性都很强的工作，准备是否充分，安装调试是否到位，对会议能否顺利进行影响甚大，不能有半点差错。因此，一定要落实专人负责此项工作，必要时应配备一定数量的技术人员。

（3）提前准备到位

会议用品应当在会前准备妥当，分发到位；有关设备和设施应在会前完成安装、调试工作。

（4）实用节约

实用和节约是准备会议物品和设备的重要原则。要严格按照会议的经费预算执行，提倡节约型会议，反对追求豪华、奢侈。

2.4.2　会场布置与座次安排

会场是举行会议的场所和设施的总称。会场的地点和大小是否适中,设施是否齐全,会场的布局是否合理,会场营造的气氛是否与会议主题内容一致,对会议效果会产生直接的影响。所以,会议的组织者必须重视会场的布置。

1)会场的作用及类型

(1)会场布置的范围

通常包括主席台(讲台)、会标、座位、摆设、照明和视听设备及其他有关事项的安排。

(2)会场气氛

布置会场要根据会议内容的不同,营造特有的气氛,使人一进入会场,便能感受到一种与会议内容相适应的气氛,以增强会议效果。

例如:进入庆祝大会的会场,要给人一种喜庆热烈、催人奋进的感觉;进入宣判大会的会场,要给人一种凝重严肃、震撼人心的感觉;进入追悼大会的会场,要给人一种庄严肃穆、催人泪下的感觉;进入座谈会的会场,要给人一种亲切、随和、融洽的感觉。

(3)会场设施

为了把会议开好,通常要借助一定的设施和器材。一般情况下,会场的设施、器材包括主席台、桌椅、照明设备、音响设备及电源等。此外,会场还要保持一定的温度、湿度,照明、通风良好。

(4)会场的类型

可大致分为固定会场与临时会场、大型会场与中(小)型会场、室内会场与室外会场等。

(5)会场位置的固定与否,与会议的性质、召开会议的次数及所具备的条件有直接关系

一般情况下,召开次数较多的日常性工作会议的会场要相对固定。如党委(常委)会、部门办公会、机关部门会、行政工作会等,通常都有固定的会议室。由于会议室是专为召开会议而设的,其设备、器材是常备的,因此,会场布置比较简单,召开会议前检查一下,安排会务人员把卫生搞好,备好开水即可。召开次数较少、流动性较强的会议,或无现成会议场所可以利用时,就要设置临时会

场。由于临时会场一般是一次性使用,因而其设备和器材需要临时准备,会场的布置也要临时进行,故工作量较大。有些会议既要固定会场,又需要临时会场,有的还要分设主会场与分会场,当中途转场时,还要设置第二会场。无论是设置固定会场还是设置临时会场,承办会议的单位均应根据会议的内容、规模和会场设施等条件,在会前把会场布置好,以保障会议按时、顺利地举行。

（6）会场的大小要适中,并留有余地

会场过大,会显得空空荡荡,过于松散,不便营造气氛;会场过小,又显得拥挤、狭窄,不便于调度安排及与会人员和服务人员出入。现在市场上有种制式活动挡板,可以根据需要将一个大的会议室分隔为若干个小的会议室,人多则大,人少则小,方便好用,可以收到一室多用之效,不妨一用。

（7）会场的大小主要根据参加会议的人数确定

一般与会人数在300人以上时,就要设置大型会场,300人至100人之间可设置中型会场,不足100人时可设置小型会场。如召开庆功表彰大会,年终总结大会,先进事迹报告会,学术报告会,大型联欢晚会等,应布置大型会场;召开单位、部门工作会、学术研讨会等,人数多在百人以下,可布置中型会场;召开常委会、座谈会、办公会、交接会、工作汇报会等,可布置小型会场。大（中）型会场一般都要设主席台。主席台上的座位可设1~2排,与听众坐席相对。还可在主席台前方一侧面向观众席设讲台,供报告人、代表发言使用。如果不设讲台,主持人、发言人可在自己座位上讲话。小型会场通常不设主席台或主席桌,座位摆放可灵活多样。习惯的摆放方法有圆形、椭圆形、T字形等。

（8）选择在室内还是室外,主要依据会议的性质和当时所处的条件而定

通常情况下,能在室内召开的会议要尽量把会场选在室内,因为室内会场的位置相对固定,条件较好,设施较全,不受外界自然环境的影响;而室外会场则要根据需要,搭设主席台,安放高音喇叭,连接室外电源（准备发电机）等,布置起来比较复杂,还要采取防风、防雨、防晒等措施。

一般大型会议都在礼堂、报告厅内召开,主席台和座区的设置是固定的。中小型会议则要根据需要把会场布置成多种样式。目前,常用的形式有圆形、椭圆形、长方形、T字形、三角形、马蹄形、六角形、八角形、回字形、倒山字形、而字形、半圆形、星点形、众星拱月形（圆桌）等。会场形式取决于会议内容、会场的大小和形状、会议的需要及与会人数多少等因素。例如,日常工作会议的会场形式,多为圆形、椭圆形、长方形、T字形等。这些形式有利于体现团结与民主的气氛。中型会议的会场形式,以布置成而字形、倒山形、半圆形为宜。这些

形式使人有正规、严肃之感。座谈会会场则布置成半圆形、六角形、八角形比较好。这些形式使人有亲切、轻松之感。大型茶话会、团拜会布置成星点形、众星拱月形为好。

2）会场布置的基本原则

布置的会场看似简单，其实不然。要把会场布置好，需要遵循一些基本的原则和要求。

（1）切题

不同的会议，在布置会场时要突出不同的主题。有的会议要求气氛热烈，有的会议要求简洁明快，有的会议要求庄严肃穆。但总的来说，都要与会议的中心内容相一致。例如，党代表大会的会场要布置得朴素、庄重、大方，人民代表大会会场要布置得庄严、隆重，庆祝大会会场要布置得喜庆热烈，座谈会会场要布置得和谐、融洽、自然，纪念性会议会场要布置得隆重典雅，日常性工作会议会场要布置得简洁舒适。

（2）正规

不论召开什么性质的会议，会场都要布置得正规有序。在布置会场时，除提前把会场内外及周围的卫生搞好外，还要做好会务服务工作。

（3）朴素

在布置会场时，购置一些必需的设备和器材是允许的，但一定要从会议的实际效果出发，贯彻节俭的原则，把各种开支压缩到最低限度。特别是在设置室外会场时，要力戒大兴土木，防止造成浪费和对地物、环境的破坏。

（4）实用

即会场布置与会议所需的功能相符合。不同性质的会议，对会场的功能有不同的要求。如有的会议以看为主，有的会议以听为主，而有的会议要听看结合。因此，在设置会场时，要有所侧重，区别对待。总之，一切要从会议的效果和当时所具备的条件出发，会议需要哪些功能，会场就力求设置哪些功能。

（5）和谐

首先是会场的颜色要协调，如墙壁的颜色、桌椅的颜色、桌布的颜色、幕布的颜色、会标的颜色等。其次是会场内诸要素的大小要适中，如会标的大小、旗子的大小、音响设备的体积大小等都要和谐。会议桌上摆放的物品也要与会议的性质相符，如召开座谈会、茶话会等可适当摆放些水果、瓜子、香烟、糖果、矿泉水(茶水)等,而一般会场只宜摆放茶水(矿泉水),或只在主席台上摆放茶水(矿泉水)。

3)布置会场的主要工作

布置会场是会前准备工作的一项重要内容。会议的内容不同,对会场的布置有不同的要求。承办会议的人员应根据会议的内容、规模和会场设施等条件,在会前把会场布置好,以便使会议能够按时顺利进行。

(1)室内小型会场的布置

参加会议的人员为几十人的,通常称为小型会议。小型会议的会场布置较为简单,一般有两种布置方式,一种是设主席台的,另一种是圆桌式的。设主席台的会议通常主要领导和发言席设在主席台上,其他与会人员在台下就座。圆桌式会议,主要领导的位置摆放在居中面向大多数与会人员的中心位置。无论是哪一种形式,会场摆放的主要物品基本是一致的,如桌椅、坐签(坐席卡)、音响、茶具等。但会议的内容不同,布置的要求应有区别。一般座谈会、研讨会等,会场宜设置成圆桌式的,而任务部署会、学术报告会、经验交流会等,宜设置成有主席台的会场,并张挂会标。

(2)室内大型会场的布置

参加会议人员在几百人至一千人左右的会议通常称为大型会议。此类会议一般在大礼堂等大型会议厅举行。其会场布置一般有以下五项工作:

①主席台的设置及座次安排。主席台通常设在会场正前方中心部位,与与会人员相对而设。主席台设在礼堂的舞台上。为了供主持人或与会人员代表发言,可在主席台一侧或前方设一讲台。在主席台的后方是否悬挂标志或旗帜,要根据会议的性质确定。为了增强会议气氛,还可在主席台前摆放一些花卉予以装饰。欢迎会、动员会、总结表彰大会,尤其要搞好摆设和装饰,以便把气氛烘托得热烈一些。主席台上要整齐地摆放桌椅,桌子上设置坐签,以便对号入座。通常摆放茶杯、面巾等。

会议主席台上的座次安排是会场准备工作中一件非常重要的工作,会议组织者必须按照一定的级别和隶属关系等因素精心安排,不能出错。座次的主次之分,是按照从中间向两边,面向台下先左后右的顺序排列。

安排座次一般有以下几种情况。一是当无上级领导到会时,本级领导按职务高低依次排列;二是当有上级部门以上领导到会时,应安排在正中位置,两侧安排本单位主官。有上级机关干部到会时,安排在本单位主官之后。当上级有多个层次的机关干部到会时,应以机关的级别高低为准,而不按个人职务高低安排。三是当有离退休老干部与会时,按老干部离退休之前的职务,安排在现职领导之前的位置。

②会标的准备和张挂。重要会议和大型会议均应书写、悬挂会标。会标一般用 0.67 ~ 1 米(2 ~ 3 尺)幅宽的红布制作,横挂于主席台口上方或主席台后壁上方。会标的字体多为宋体或黑体,字为黄色或白色,过去多用 120 克白纸或黄色油光纸剪成,现在多用电脑刻字方法制作,用背胶粘在横幅上。会标要写全称,不能写简称。

③座区的划分及标记。台下与会人员的座位应划分座区。通常,正式出席会议的人员安排在会场靠前和中间位置,列席会议人员和工作人员安排在会场后部和两侧的位置。划分座区时,可按会议编组或建制单位划分,采取纵向划线的办法,使每个组或单位的人员从前向后就座,负责人在前排就座。

④音响与照明器材的准备。音响主要是指有线话筒、扩音器和音箱。在室外开会时可安放高音喇叭。一般在主持人、发言席上各设置一个座式有线话筒,在会场前方左右两侧放置音箱。在准备和设置音响与照明设备的同时,要注意调试音响,检查线路、插头等,使其保持良好状态。如有必要,应在会场周围提前准备好备用电源(发电机),电工人员在主席台后侧待命,随时准备维修和调试电器。小型会议由于与会人员少,坐得比较集中,一般用不着扩音设备。大、中型会议,一般要有扩音设备。还可给听觉不好的同志配备耳机。有不同民族同志参加的需要同声传译的会议,要配备同声传译设备。会议主持人和发言人面前要摆放麦克风,还应有流动麦克风,供与会同志即席发言时使用。扩音设备要有专人操作,否则容易互相干扰,影响效果。

对于需要录音、摄影或摄像的会议,事先要做好准备。内容保密的会议,录音时要用有线话筒,不要用无线话筒,因为无线话筒可将声音变为电波,发射出去很远,容易被窃听。电话会议要事先准备好有关设备。

⑤多媒体器材的准备。当会议在室内召开,需要以字幕、录像等配合时,要提前准备好大屏幕。如没有大屏幕,亦可在会场前方、中间等适当位置放置几台电视显示设备。由于科学技术的发展,发达国家现在已开始使用现代化的声像手段来辅助开会,比如使用立体电视、激光和全息电影、组合录像、电脑控制的多镜头幻灯等,可以使报告人的讲话内容特别是数字图表等非常直观,目前我们还达不到这种程度,但会场的基本设施建设会逐步向这个方向发展。

4) 会场座次安排

没有任何一种单一的座位安排能够满足所有的目的,这是我们必须清楚认识到的。每一种座位安排的模式都有既定的优势和劣势。当然,我们应该选择最适合你的听众,最能合乎目的的模式。以下就是会议座位安排的范例:

(1)阶梯式结构

此种结构如图2.1所示。

会议效果:

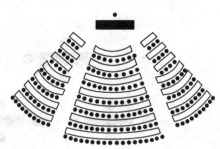

图2.1 阶梯式结构

- 强调主席的重要性。
- 让听众清楚地看到直观资料。
- 严格限制听众之间的讨论。
- 使讨论确定正式的基调。
- 记笔记比较困难。
- 通过问与答,增加主席与听众之间进行讨论的可能性。

(2)没有桌子的围坐式

此种结构如图2.2所示。

会议效果:

- 削弱会议主席的重要性。
- 减少与会者参考笔记或其他资料的可能性。
- 记笔记比较困难。
- 鼓励与会者之间的讨论。

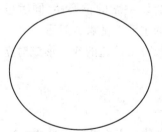

图2.2 围坐式

图2.3 圆桌形

(3)椭圆形或圆桌形

此种结构如图2.3所示。

会议效果:

- 不强调主席的重要性。
- 给演示直观资料造成困难。
- 鼓励与会者之间进行讨论。

• 容易做笔记(注:凡配桌子的会议均如此)。

(4)工作群体形

此种结构如图2.4所示。

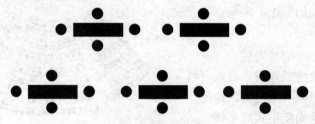

图2.4 工作群体形

会议效果:

• 鼓励每一小组的组内讨论。

• 降低会议主席的重要性。

• 减少组与组之间讨论的可能性。

• 不便于直观教材的展示。

• 气氛随便。

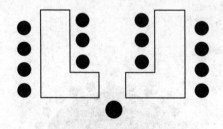

图2.5 L形结构

(5)L形结构

此种结构如图2.5所示。

会议效果:

• 强调会议主席的重要性,同时也重视会议主席的主要追随者或对手。

• 鼓励长方桌两边的成员形成对立的双方。

• 鼓励长方桌两边的与会者正面讨论。

• 有利于展示大多数直观资料。

• 如果主席不能很好地控制会场局面,容易导致长方桌两边成员的争执。

(6)U形结构

此种结构如图2.6所示。

会议效果:

• 强调会议主席的重要性。

• 鼓励与会者之间进行讨论。

• 使与会者的精神更加集中。

图2.6 U形结构

• 能增加主席与听众之间进行讨论的可能性。

(7)其他会议布局形式

见图 2.7 所示。

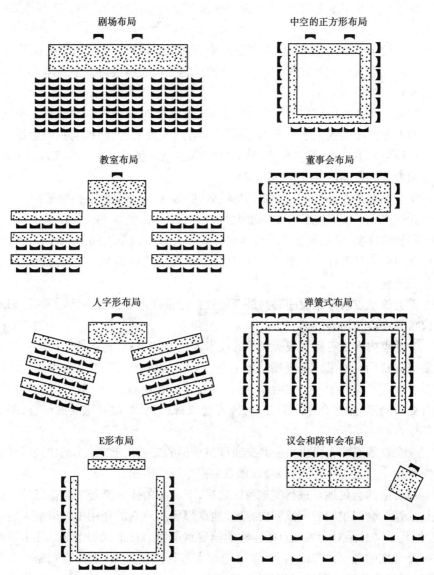

图2.7　其他形式座位图

5)会议场地考察

在做出可能使用的合适地点的简表之后,下一步就是要对这些会议场地进行实地考察。在实地考察时,最好带上一张需要考察的问题清单。需要考察的问题有:

①举行全体会议、分组会、就餐和娱乐,有时还有展览,场所组合是否得当?

②对残障人员是否方便? 会议地点的设施是否能够接待许多残障人员(含演讲人)?

③需要哪种座位排列方式? U形布局、董事会布局、剧场布局、教室布局、中空的正方形布局或人字形布局。从可容纳的人数来看,同样面积的会议室,剧场布局可坐100人;教室布局,50人;中空正方形、董事会和U形布局,25人;圆桌和弹簧式布局适于就餐,可坐75人。

④会议室是否自然采光? 如果是的话,那么,会议室是否显得黑暗?

⑤供热和空调系统是否噪声很大?

⑥如果住宿,能够提供多少套客房? 其中有多少间单人间、多少间双人间、是全部与会人员都住在一个地方,还是分散住在不同的地方? 到会议地点的交通是否便利?

⑦会议地点有娱乐设施吗? 是否免费? 能否就近安排社会活动项目,如果会议议程中含该活动的话?

⑧地点内有没有负责视听设备的技术人员? 如果有,利用他们的服务是否需要另付费用? 如果没有现场技术人员,那么,会议地点是否会雇用独立的视听设备公司? 费用怎样? 在活动期间,需要什么视听设备(一般可以在接近活动开始时确定,除非有专门的要求,或者会议规模很大,需要重大的设备,需要专门生产)?

⑨会议地点能否提供由公共交通部门承担的交通上的帮助(例如到机场或火车站用小型巴士接客人)? 会议地点的停车场的面积有多大?

对合适的会议地点进行实地考察之后,下一步的任务就是要与选好的地点进行洽谈。会议组织者应该明白,会议地点都要从对它的使用中获取最大的收益,但几乎又总是对会议地点所宣称的消费水平留有可洽谈的余地。如果不准备一个详细的考察内容的清单、就冒昧地去进行现场考察,那简直就是吃力不讨好,就如同重要的问题一概没问、重要的状况未被考察一样。每个会议都有自身的需要,但是,如果对下述内容做出了考察,那么,就可以做到事半功倍。同时会议地点考察是非常细节性的工作,会议组织者必须善于观察、考虑周全,结合会议的特点,找到有针对性的会议考察内容,提出会议考察结论。考察内容的清单如表2.9所示。

表2.9　会议场地考察

序号	考察内容	考察实际情况	考察结论与应对措施
1	会议地点与会议目标、议题是否合适		
2	会议地点是否利于议程的开展		
3	会议地点交通是否便利、安全		
4	会议场地空间是否符合会议需要		
5	会议场地布局是否符合会议需要		
6	会议场地是否利于按会议需要布置和安排		
7	会议场地的设施、条件是否符合会议需要		
8	会议住宿条件是否安全、卫生、符合会议要求		
9	会议餐饮条件是否安全、卫生、符合会议要求		
10	会议地点附近是否有相关的服务设施、条件		
11	…		

作为一名专业的会议组织者,在与会议地点管理人员的洽谈中,你处于一个主动的位置上,可以胁迫管理人员大杀客房、餐饮的价格。这样可以使你自我感觉良好,但同时也几乎不可避免地会影响你与会议地点之间的密切关系。作为一种规则,最好是对设施和住宿支付合理的费用,然后再洽谈增加价值和服务的问题。简而言之,最好的洽谈结果是活动的组织者与会议地点双赢,但也必须顾及建立关系和成为伙伴,要与愿意与你做买卖的人做买卖。组织者一方有一定的灵活性,可以有助于洽谈过程,特别是有助于在会议地点的订购活动产生吸引力。

6) 座次安排

开好会议值得重视的一个问题是位次安排,中国传统礼仪和等级观念这时最好体现,因此在会议准备时一定要高度重视出席会议人员的位次,其原则是:根据会议目的和会场布置状况,以及出席会议人员主、次身份进行安排,并在坐席前桌子上摆出相应坐席卡,一般常见形式有:

①报告会型主席台。设置一排、两排或若干排,按出席会议人员身份级别安排,如图2.8所示。

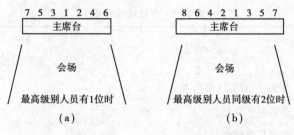

图2.8 报告会型主席台

②本单位圆桌会议。这种座次安排便于主要领导与其他领导之间的交流,同时主动地控制会议的进程,如图2.9所示。

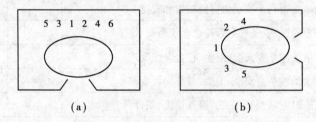

图2.9 本单位圆桌会议

③检查汇报圆桌会议。如图2.10所示。

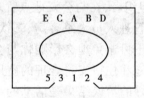

图2.10 检查汇报圆桌会议

注:A,B,…为上级领导,1,2,…为本单位负责及相关人员。

④商务谈判、交流圆桌会议。如图2.11所示。

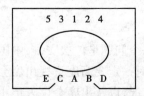

图2.11 商务谈判、交流圆桌会议

注:A,B,…为来访人员或谈判对手,这种安排有助于本单位人员之间的磋商,形成意见与对方交流。

⑤座谈会、联谊会等。如图2.12所示。

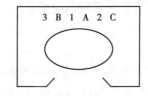

图2.12 座谈会、联谊会座位安排

注:A,B,…为老领导或外单位领导,这种安排自然增加了与会者之间亲切和谐的气氛。

2.4.3 会前检查

1)会前检查的作用

会前检查是会前各项准备工作的落脚点,是保证会议能顺利召开的必不可少环节。其作用主要有:　.

(1)及时纠错

会前准备工作任务重、头绪多、事务杂,工作人员责任心再强,也难免考虑不周,出现一些纰漏和差错。而会前检查则可以及时发现问题,加以纠正,有效地防止将问题带到会议中去。

(2)调整改进会议预案

会议预案是会前的一种设想,再好的预案,在会议准备的实践中也会因情况发生变化而产生新问题。会前检查可以及时调整会议预案,使会议的各项准备工作臻于完备。

①与会人员是否分散在不同的地方?

②与会者能否使会议顺利进行,比如说10至1 000人?

③是否有必要让每个与会人员都充分了解有关信息?

④会议的信息是否有必要在会后保留,当作下次会议参考的资料?

(3)保证会议效果

①会议的内容是否会牵涉到需要几个人共同来解决问题?

②与会人员是否需要对会议决议的执行许下承诺？

③与会者所形成的互动效应,对会议中形成较好的决定是否有帮助？

④会议中是否可能有冲突意见需要协调？

⑤会议中是否需要解决有关公平性的问题？

2)会议和活动场地检查

会议组织者应该在会议开始前一至两天对所有涉及会议的相关事项进行全面、彻底的检查落实。检查包括会议的通道、现场、停车场、休息室、车辆、餐厅、房间、洗手间、茶水间、照相场地、参观点、设备、彩排(预演)等是否按原计划要求布置实施的,以及实施的程度和效果是否符合要求。着重检查:

(1)会标和标语

会议和活动的会标和标语悬挂是否端正适中、醒目、大方,字体(字母)是否端正、大小适中、有无错别字、漏字和不规范字等。例如:某年某地举行庆祝中国人民解放军建军五十八周年大型的会议和活动,在举行的前一天工作人员在实施检查时,才发现巨幅会标写成"八十五"周年。

(2)徽铭和旗帜

会议的场地是否按规定和要求悬挂徽记、铭牌、人像以及旗帜等,有无悬挂错误,以及徽铭、人像、旗帜本身存在的错误情况。

(3)会议室准备情况

会议当天会议室准备情况的检查大致包括以下几个方面:设备安全、椅子的数量是否足够、吸墨台的准备、烟灰缸的准备、水和水杯的准备、通知接待人员情况、确认餐饮时间等。

3)天气预报

准确的天气预报对室外举行的会议非常重要,关系到会议决策是否正确的问题,关系到会议能否顺利进行。因此,有关部门要尽可能地准确预报台风、暴雨、洪水、干旱等破坏性极大的恶劣天气,使会议组织者采取相应措施。对于特殊的会议,会务人员必须提早做好有关准备,包括防雨具(雨伞)、防阳具(伞、帽)以及其他的专业工具,以防万一。

4)指示性标志

涉及会议场地区域的文字指示牌、方向和方位标志等要醒目,使与会者看得明白,即使在晚上也能看得清楚。

5)检查与会者名单

会议进行中,要注意检查出席人员的名单。按出席者的座位图仔细查点,发现缺席者,要进行登记,并及时同与会人员联系,采取相应措施。

6)颁发的礼物

会议有颁发礼物时,要着重检查奖状、奖旗、奖杯、奖牌、证书、证章等礼物是否按颁发的顺序排列放好,礼物上的文字是否有错别字;礼物的长度、宽度、重量是否适合现场颁发;礼物的金属边口(毛边)是否锋利等要认真检查。对于重要或大型的礼物颁发,工作人员都应该要进行多次的演练。一般情况下要做好如下工作:

(1)排序

礼物要排好次序,尤其多批次、多品种的,要按颁发礼物批次和顺序排列好后,统一堆放。

(2)知照

对颁发礼物人员和接受礼物人员,应该事先一一知照其批数、次数、数量、位置、线路、要求等。包括:递送礼物人员,要按颁发礼物的批次和顺序在指定位置(颁发礼物人员身前或身后)递(送)给颁发礼物人;接受颁发礼物人员,要知道在什么时间和地点集合,排队的前后左右是谁,接受礼物线路,从哪位颁发礼物人员手中接受礼物等事项,接错时不要当场更换,下来后再另行退换。

本章小结

本章是会议运营管理的重点章节,会议前期策划与准备的好坏,直接关系到会议能否取得成功。会议策划要求会议主办者考虑许多的复杂因素和特殊条件,一些规格较高、非常重要的会议甚至要求有两套以上的策划预备和准备措施。对于商业承办会议而言,按照会议客户的需求"量身定制"会议策划方案,也是会议策划者的基本能力。在会议准备中,详细周密的准备要求,为会议取得预期的目的奠定了基础,也将会给参会者留下非常良好的印象。

复习思考题

1. 在会议策划中,会议主办者需要考虑哪些相关因素?

2. 会议议程安排时,考虑的因素有哪些?

3. 在会议地点选择时,应考虑哪些相关的因素?

4. 确定与会人员时,我们将考虑哪些因素和特点?

5. 会议中座次的安排是非常有讲究的,请在会议室或教室中模拟各种不同会议的座次安排,并进行说明。

6. 作为会议主办人,会前检查工作要注意什么问题?

实　训

实训1　会议议程策划

某高校将迎来教育部教学评估专家对学校教学水平的检查与评估,学校对此次评估高度重视,成立了专门的会议组织机构,拟举行一上午的会议完成三项会议活动:第一项欢迎仪式(1 小时内),邀请省政府副省长、学校主管部门的领导、相关部门领导参加。第二项是由专家主持汇报会(1 小时内),由高校校长汇报学校自评情况。第三项专家实地考察学校情况(2 小时)。如果你是会议议程的策划者,你如何安排会议的议程?

本次会议议程策划提示:上述会议其实包括了三种会议类型:欢迎仪式会议、工作检查汇报会、现场会议。作为议程安排者,对于前两项会议的议程安排要格外重视,因为欢迎仪式和工作检查汇报会,所参与的人员、内容、形式不同,时间要求严格,在议程安排上要注意紧凑,内容适度。同时由于许多领导出席,要注意议程的顺序,切不可前后倒置。对于后一项实地考察则应事先安排好会议考察路线。参考议程如表 2.10 所示。

表2.10 汇报会议程

××××××专科学校教学评估会议仪式暨汇报会议程
主持人：××××××专科学校校长×××教授 （一）会议开始，介绍出席评估欢迎仪式的教育部专家、省领导、有关主管部门领导、学校领导（10分钟） （二）请××××××专科学校党委书记×××同志致欢迎辞（10分钟） （三）请××××集团总公司党委副书记、副总经理（正厅级）×××同志讲话（10分钟） （四）请×××人民政府主管教育副省长×××同志讲话（10分钟） （五）欢迎仪式结束，请专家、领导、来宾、学校处级以上干部到教学楼前合影留念（15分钟） 评估汇报会（9:30～10:30） 主持人：教育部专家组组长×××教授 （一）专家组组长讲话（10分钟） （二）××××××专科学校校长、党委副书记、学校评估领导小组组长×××教授做自评工作汇报（50分钟） 教育部专家及有关领导视察学校（10:30～12:00）

实训2 会议日程策划

一个大型国有企业成为本年度行业高管圆桌会议的主办方，准备对会议日程进行策划和安排，根据上届会议的规模和经验，参加本年度会议的人员大约40人，参会人员均为行业中的高级管理人员。根据与会议各方面协调的结果和本企业对会议整体构想，有以下会议基本设想：1. 会议总体时间安排在5月15日、16日、17日，其中15日主要安排在酒店会议注册与报到，并安排参观本企业的活动及安排欢迎晚宴；2. 16日上午安排会议开幕式。中午安排午餐（当地特色菜肴餐厅），下午继续进行会议；3. 下午要安排参观当地的景点和晚宴活动（当地特色宴会）；4. 17日早餐后，安排返程工作或自选路线旅游活动；5. 其他因素：会议地点拟安排在企业内部的会议室，会议代表所住酒店与会议地点有一定距离。同时主办方为体现对会议代表的尊重，准备在会议每一项活动中安排专人负责和陪同。

如果你作为当地这家国有企业的会议负责人，请你结合当地的情况和条件，对会议日程进行整体安排，并用表格式列出。

　　会议日程策划提示:本次会议日程策划安排中,会议参会人员身份高,主办方的接待规格也应较高,因此会议日程安排表要认真细化,让与会者感到会议日程安排的周到。同时由于会议地点距离和会议就餐地点变化,要在日程中考虑会议活动集合、返回的时间、地点、车辆等问题,使与会者清楚会议活动的情况。另外在日程中,可以按照会议设想,安排负责和陪同人员在会议日程表中体现,既利于接待分工,又利于更好为会议代表服务。在日程表中日期、每一项会议活动时间安排、会议地点等都要具体计划安排。参考日程如表 2.11 所示。

表 2.11　×××××圆桌会议日程

日　期	时　间	内　容	地　点	参会及陪同
15 日 (周三)	全天	报到	会展中心酒店大堂	×××副总经理
	16:50	乘车	酒店大堂门外	×××副总经理
	17:00	参观 会展中心	线路:1 号馆—2 号馆—3 号馆—贵宾厅—云南大剧院—国际会议区—大多功能厅	×××董事长、×××总经理
	18:00	晚宴	会展中心 VIP 厅	班子成员
	21:00	返回酒店	会展中心 8 号门乘车	×××副总经理
16 日 (周四)	7:30	早餐	酒店一楼餐厅	×××副总经理
	8:50	乘车	酒店大堂门外	×××副总经理
	9:00	会议	会展中心 3 号国际会议厅	本企业正职以上成员
	12:00	午餐	野菌园餐厅	班子成员
	13:30	会议	3 号国际会议厅	企业正职以上成员
	15:30	游览	世博园	×××副总经理及接待人员
	18:30	晚宴	世博吉鑫园	班子成员
	21:00	返回酒店	吉鑫园门外乘车	×××副总经理
17 日 (周五)	7:30	早餐	酒店一楼餐厅	×××副总经理
			按自选线路旅游或返程	

实训 3　会议开幕式程序

　　某高校准备举行教职工代表大会,会议准备在 2007 年 10 月 12 日举行,将邀请上级主管部门的领导等参加。如果你是会议的主办者,你如何安排会议开幕式程序?

会议开幕式程序提示:会议活动开幕式程序相对简单,一般如下:①司仪介绍出席大会的主要领导和嘉宾;②司仪介绍主持人的身份和姓名;③主持人宣布开幕式开始;④奏国歌;⑤致开幕词;⑥来宾致词;⑦主持人宣布开幕式结束,进入会议正式议程。

一个职工代表大会的开幕式程序,同样是按照上述的会议开幕式程序进行的,但作为内部会议主持人和司仪往往由一人承担,主持人由谁来担任,通常由会议的性质、任务和领导的分工来决定。

范例

××大学首届职工代表大会开幕式程序
2013 年 10 月 12 日

1. ××大学校长向全体代表报告会议应到代表数,实到代表数、请假和缺席代表人数。是否符合法定人数,能否开会。

2. ××大学校长介绍会议的上级组织领导和各方面参与会议的领导。

3. ××大学校长宣布"××大学第×届职工代表大会现在开幕"。

4. 全体起立,奏国歌。

5. 校党委书记×××致开幕词。

6. 上级领导×××讲话(根据领导级别高低顺序安排讲话)。

7. 教职工代表×××同志讲话。

8. 学生代表讲话。

9. 校长宣布"开幕式到此结束。休息五分钟,请来宾退席"。

实训 4 会议请柬编写

学校学生会准备组织一次学校社团活动的展演活动,集中展示学校各个学生社团在社团建设中取得的优异成绩,展演活动以一台由学生会主办、各个社团参与表演的文艺晚会作为活动的开幕。晚会拟邀请学校领导参与晚会,你作为会议文件的编写者,请撰写一份给学校领导的会议请柬。

会议请柬编写提示:对于内部活动,编写会议请柬多采取打印请柬的格式。在请柬中写明邀请谁(用全称、尊称)有什么会议活动,会议时间、地点,会议邀请单位及日期。整个请柬语气用词一定要恭敬、委婉、恳切。

实训 5 会议参会指南的编写

小王是一家会议策划专业公司的职员,本年度公司承接了一项全国性财经专业会议的策划和接待工作,公司的项目经理将编写会议参会指南的工作交给了小王。如果你是小王,你会从哪些方面内容编写会议的参会指南?

会议参会指南编写提示:会议的参会指南是会议事务性的文件,是提供给会议的参会者了解会议安排、参与会议活动的文件,同时也是会议主办者给予会议服务的文件。通常参会指南包括以下内容:首先会议指南是提供给会议代表的,因此在会议指南部分可以安排会议主办方或会议主办地的欢迎辞。第二部分通常安排会议的主题、会议主办机构的介绍或会议主办地的基本情况介绍。第三部分安排会议日程安排表及相关会议演讲嘉宾介绍和演讲主题题目。第四部分安排会议须知和会议服务指南等内容。第五部分如会议在前期已整理好来宾的通讯录可以附上。

会议的参会指南通常在制作时,可以插入一些图片,作为会议资料的补充,同时在制作时要考虑将参会指南设计精美,并且携带方便。

案 例

2004 年职业教育国际研讨会议策划与准备

第一阶段:会议策划与会议基本框架确定

为推动中国职业教育的深入开展,促进国际职业教育的交流与合作,2003年10月同济大学职业技术教育学院,联络德国两家职业教育的研究推进机构和专门进行职业教育研究的上海教育科学研究院职业教育研究所,国内高等职业教育的优秀学校昆明×××专科学校,在上海共同商议举办职业教育国际研讨会,通过协商达成了举办会议的有关原则如下。

1. 会议由中外五家单位(机构)共同主办,由昆明×××专科学校承办。

2. 由五家单位(机构)的负责人代表组成组委会负责协调有关事宜,上海教科院职成教研究所负责人担任组委会主任。

3. 讨论后确定了会议的主题及专题(考虑到职业教育研究面广,需分专题进行研究才能满足不同与会代表的需要)。

4. 征集论文,印制论文集发行。

5. 由五家主办单位(机构)分别邀请国内外相关机构、专家出席会议,会议规模约为 200 人左右。

6. 会议费用由主办单位承担(主要由德国两家机构承担),上海同济大学职业技术学院负责秘书组工作,承办单位负责会务的各项具体工作。

7. 由于会议需做准备工作(特别是征集论文,邀请中外嘉宾等工作)较多,会议时间初定 2004 年 5—6 月间。

2004 年 1 月,组委会在上海召开第二次会议,五方就会议组织情况各自做了通报。会议认为,举办 2004 年职业教育国际研讨会的前期工作进展顺利,各方已做了大量工作,召开会议的各项条件已初步具备,于是做出决定:会议于 5 月 12—14 日在昆明举行,由昆明×××专科学校根据会务需要做出具体的日程安排,并做出会费预算报组委会批准。

2004 年 1 月 18 日,秘书组印制了邀请书和会议通告,由五家主办单位分别发送相关机构、学校、专家,并做了相应登记,以便了解统计反馈信息。

2004 年 3 月,昆明×××专科学校代表提出了会议的具体日程安排建议,测算了会议费用,函件报组委会其余四方,并得到认可。至此,会议组织阶段工作结束,进入了会议准备阶段。

第二阶段:发出会议通知和会议报名表和统计相关参会人数

2004 职业教育国际研讨会(昆明)

会议通告(No. 1)

由同济大学职业技术教育学院(IBB)、德国技术合作公司(GTZ)、上海市教育科学研究院职成教研究(RIBB-S)、德国国际继续教育与发展协会(INWENT)、昆明×××专科学校(KMYZ)共同主办,昆明×××专科学校承办的"2004 职业教育国际研讨会(昆明)"将于 2004 年 5 月 12 日至 14 日在云南省昆明市召开。本次研讨会的主题:

推进西部地区职业教育发展

——适应就业市场的劳动力资源开发

研讨会讨论的专题有:

- 企业人力资源开发和管理
- 支持西部地区职业教育的国内外合作
- 职业教育在加快城市化进程中的贡献
- 现代教育技术在职业教育中的应用
- 产业结构调整和职业培训

日程安排:5 月 12 日:开幕式;大会主题报告(特邀);

5 月 13 日:就上述五个专题分组报告、讨论;

5 月 14 日:大会交流发言;闭幕式。

会议语言:中文、德文、英文;大会交流及分组报告讨论由会议秘书组聘请翻译。

● 论文出版:3月15日以前收到的论文摘要(约500汉字)将由秘书组编成《论文摘要汇编》在会上交流。5月12日以前收到的论文全文经评审录用者,将编成论文集正式出版。被录用出版的论文不收版面费,不发稿酬,每位作者赠出版后的论文集2本。

● 征稿要求:欢迎投稿,文责自负。请于3月15日以前提交论文摘要,字数在500汉字左右,并请翻译成英文或德文。会议秘书组一般不修改作者母语所写的摘要,但可能会修改摘要的译文部分。

● 投稿邮箱:ZYXY@ MAIL. TONGJI. EDU. CN

● 出席费用:会议代表往返昆明的差旅费、食宿费自理(会议统一安排食宿),会议不收会务费。

● 欢迎垂询:同济大学职业技术教育学院 ×××女士
　　　　　电话:021-××××××××
　　　　　上海市教科院职成教研究所×××女士
　　　　　电话:021-××××××××

2004 职业教育国际研讨会(昆明)秘书组

同济大学职业技术教育学院(代章)

2004 年 1 月 18 日

表 2.12　2004 年职业教育国际研讨会(昆明)报名表

单　位	姓　名	论文题目	是否出席会议	是否安排发言

报名表可复印。另请注明所在单位、联系地址、联系电话、E-mail 地址。

此表请寄上海同济大学职业技术教育学院×××女士收,邮编:200092。或传真:021-65980012。

表 2.13 2004 年职业教育国际研讨会邀请书发放登记表

姓名	单位	职务\职称	电话	地址	邮编	是否回执参会

第三阶段:对整个会议活动的安排做出会议的预算

2004 年职业教育国际研讨会(昆明)费用预算

根据中德五个主办单位(机构)关于召开 2004 年职业教育国际研讨会(昆明)筹备工作会的精神和确定的有关原则,承办方昆明××××专科学校对会议场所及其费用进行了勘查和测算,初步意见会议地点拟订昆明世博花园酒店(该酒店为四星级宾馆,位于昆明市北区,紧邻世博园,交通便利,与昆明同等级宾馆相比,各种收费偏低,标准间 250 元/间,单人小商务房 220 元/间,服务周到、热情)。会议费用预算如下:

一、会议室租用费

1. 5 月 12 日全天大会,大会议室 1 个,2 000 元;

2. 5 月 13 日全天分会场,中会议室 5 个,5 ×800 元 =4 000 元;

3. 5 月 14 日半天大会,大会议室 1 个,2 000 元;

4. 多媒体投影服务,600 元/场 ×7 场 =4 200 元;

5. 同声翻译服务,300 元/人·天 ×10 人 ×1 天 =3 000 元。

以上五项小计为:15 200 元。

二、住宿费(会议接待特邀嘉宾费用,其余代表自费)

250 元/标准套·人·天 ×20 人 ×4 天 =20 000 元。

三、餐费

1. 开幕式酒会:50 元/人 ×250 人 =12 500 元;

2. 会间午、晚餐:60 元/人·天 ×250 人 ×2.5 天 =37 500 元;

3. 会间茶点:20 元/人·次 ×5 次 ×180 人(优惠人数)=18 000 元。

以上四项小计为:68 000 元。

四、车辆租用费(机场接送、市区用车)

40 元/人 ×250 人 =10 000 元。

五、资料费(会议代表所用通讯录、笔、本、包、胸牌等)

40 元/人×250 人 = 10 000 元。

六、宣传费(邀请媒体报道等)2 000 元。

七、代表合影照相费

30 元/人×250 人 = 7 500 元。

八、不可预计费

132 700 元×10% = 13 270 元。

以上费用合计 145 970 元(不含论文集编印费),请审核。

昆明××××专科学校
2004 年 3 月 25 日

第四阶段:完成不同主题分会场会议的安排表

2004 年职业教育国际研讨会(××)分会场会议内容安排

第一分会场

主题:中国西部地区企业人力资源和组织开发的支持措施

主持人:××博士,××女士

表 2.14　第一分会场会议内容安排

报告人	题目
×.×.trowe(InWent)	中国西部人力资源开发的主要设想和计划
×.fleischle	企业人力资源开发模块教学计划
××	东西联动,促进西部地区的企业人力资源开发
×××	针对中国西部地区企业人力资源开发的课程实施要素
××	青岛实施企业人力资源开发课程计划和方向
×××	德国职业教育学习领域改革现状
××	中国人力资源体系的开发
×.×. the dung	越南人力资源开发的网络教育
主持×××.×. the dung	主持关于国际合作途径和可能性的讨论
×.fleischle	总结发言

时间:2004 年 5 月 13 日上午 8:00～12:00,下午 14:00～18:00

地点:酒店第一会议室

第二分会场

主题:支持中国西部地区职业教育的国内外合作

主持人:××教授,×××

表2.15 第二分会场会议内容安排

报告人	题目
××	Nationale und internationale zusammenarbeit in der berufsbildung beispiel shenyang
×××	国际合作中的中国职教师资培养
×××	支持西部地区职业教育的国内合作
×.mechthold-jin	发展全国性职业培训机构网络 中欧职业培训中心建立的培训网络
×.adams	CEDEFOPd 在欧洲的合作经验
讨论	

时间:2004 年 5 月 13 日上午 8:00～12:00,下午 14:00～18:00

地点:酒店第二会议室

第三分会场

主题:职业教育在加快城市化进程中的贡献

主持人:×××教授,×××博士

表2.16 第三分会场会议内容安排

报告人	题目
××	中国西部农村职业教育发展问题的探讨
×.polxim	The role of adult education and vocational trainung in a changing society 在社会变革中成人教育和职业培训的作用
×××	职业教育在中国工业化和城市化进程中的作用
×××	适应城市化进程的职教课程与教学改革
×××	论农村职业教育如何适应城镇化的阶段性和区域性发展要求
××	职业教育在推进我国城市化进程与促进农村劳动力有效转移中的作用
×××	职业教育在城市化进程中的作用
×××	越南人力资源开发的网络教育
讨论	

时间:2004 年 5 月 13 日上午 8:00~12:00,下午 14:00~18:00

地点:酒店第三会议室

第四分会场

主题:现代教育技术在职业教育中的应用

主持人:Diethelm 教授,×××教授

表 2.17　第四分会场会议内容安排

报告人	题目
×.giertz／J.×	同济大学学生的远程教育
×××	基于 e-learning 平台的网络多媒体课件的设计与开发
×wanlin	"职教师资培养与培训"项目中的远程教育
Dr.××	官方和非官方的远程教育以及网上社区
×××	建筑领域职业技术教育中的实验教学
×××	职前教育中的多媒体学习方案
讨论	

时间:2004 年 5 月 13 日上午 8:00~12:00,下午 14:00~18:00

地点:酒店第四会议室

第五分会场

主题:职业教育在加快城市化进程中的贡献

主持人:×××教授,×××博士

表 2.18　第五分会场会议内容安排

报告人	题目
M.××	寻找新技能 根据制造业者的需要来提供所需技能的可能性
×××	下岗失业妇女再就业——项目在南京五年实践经验
×××	搞好职业培训和人力资源开发适应公司产业结构调整
××	劳动组织转变与企业人员素质要求
××	劳动力市场政策的能力和极限

时间:2004 年 5 月 13 日上午 8:00~12:00,下午 14:00~18:00

地点:酒店第五会议室

案例分析：

从参会人数看，这是一次中型会议。但由于它是一次国际会议(国外代表40多人)，主办单位有5个，需要协调准备的工作多，因此会议的准备时间应按大型会议考虑(大于6个月以上)，从这次会议主办者组成组委会到会议成功举办来看，正是由于时间充足，各方可以广泛联系参加会议的人员，并让与会者有时间做会议准备，出版论文集，提高会议的国际影响力和会议效率，否则时间不足，就不可能达到会议目的。

一些大型和复杂的会议，往往需要分组讨论，以保证对某些问题达成共识或广泛展开研讨，这样可以提高会议效率。分组可以按出席会议人员的地域(单位)或议题的分类来组织。2004职业教育国际研讨会专家学者来自世界10多个国家，他们研究的领域和方向各有不同，与会者感兴趣的问题也不尽相同，因此会议主办者在组织会议时，就决定研讨会有关议题以分组方式进行，而且在会议通告中已经明确，因此会议准备阶段必须准备好各分会场的研讨内容，发言人及其发言内容必须事前由秘书组与发言人商定，分会场的研讨内容，则必须在会议报到时让其他与会者也同时知道，以便其选择参加哪一个分会场的会议。

对于主办方多的此类型会议，主办者召开协调会明确各方工作，内容以及加强彼此联系沟通非常必要，这个会议虽然主办各方不在一地，可能出现一些具体的需要商讨的地方，但由于利用了现代化的通信工具，即时地沟通，交流信息，从而确保了组成组委会后确定的各方工作内容、目标、时间要求、会议组织和准备等各项工作的有序开展，有力地保证了会议的圆满成功，从这里也可看出会议准备阶段工作的重要性，它是会议成功举办的前提和基础。

第 3 章
会 议 接 待 管 理

【本章导读】

本章主要介绍在会议运营管理中,会议接待的含义、作用和接待的特征、原则以及会议接待基本工作:会议接待准备、会议接站与引导、会议报到与签到、安排住宿、餐饮以及相应的会后活动和作息时间安排、返离工作,介绍了会议接待人员的礼仪要求,使学习者全面把握接待工作中所涉及的内容。

【关键词汇】

会议接待　接待准备　接站与引导　报到与签到　会后活动　返离工作　礼仪要求

3.1 会议接待工作的概述

3.1.1 会议接待的基本概念

会议接待是指围绕参加对象的迎送和吃、住、行、游、乐等方面所做的安排,是会议准备工作的有机组成部分。会议接待工作在会议策划者进行会议策划的一个重要内容,与会议的日程安排、议程考虑、会议费用的预算与财务控制等有非常紧密的联系。同时对于会议参加者集中精力开好会议,保障会议目标的顺利实现,取得好的会议效果也有非常重要的意义。

3.1.2 会议接待的作用

在会议活动中,接待的作用有以下几方面:

1) 为会议活动提供保障

规模较大或者会期较长、需要住宿的会议活动接待工作。会议接待通过妥善、周到、细心的安排,给参加对象提供各种方便,解除他们的后顾之忧,使他们事事称心、处处放心,全身心地投入会议活动,从而保障会议活动顺利进行,提高会议活动的效率,达到预期的目标。

2) 树立良好的社会形象

会议接待的过程是主办者对外宣传、树立良好形象的有利时机。会议接待人员热情友好的态度和礼貌优雅的接待风度,接待活动的合理安排和顺利进行,这一切都会给参加对象留下美好而又难忘的印象,有助于树立主办者良好的社会形象,提高主办者在参加对象和公众心目中的地位。出色的国际会议活动的接待,还有利于提高一个城市乃至一个国家的国际声望。2001 年我国成功主办上海合作组织六国元首会议和 APEC 领导人非正式会议,数以万计的接待人员为此付出了巨大的心血。这两次重要的国际性会议的接待工作堪称世界一流,受到各国领导人和世界各大媒体的广泛好评,大大提升了上海和我国的国际形象。

3.1.3　会议接待的特征

1)广泛性

会议接待的对象十分广泛。以一次具体的会议活动来看,接待对象不仅有正式成员(正式会员)和列席成员(非正式会员),还有特邀的嘉宾,还有参加对象的随行人员、前来采访的记者和其他旁听者;不仅有本单位的领导和群众,还可能有上级机关和主管部门的领导。国际性会议活动的接待对象更为广泛,不同国家和地区、不同民族、不同宗教信仰和文化礼俗、不同意识形态的参加者聚集在一起,既要照顾大多数,又要考虑少数人的特殊性,还要协调各种关系,这是对现代会议接待工作的重要考验。

2)礼仪性

现代会议接待,特别是国际性会议接待,要非常注重礼仪和礼节。比如,接待仪式要体现庄重性,接待方式要符合国际惯例,接待人员的言谈举止要符合一定的礼节。接待中的礼仪和礼节既反映了东道主对参加对象的基本态度,同时也在一定程度上体现了东道主的文明水准。因此,会议接待人员一定要掌握对内和对外接待的基本知识和方法,熟悉各种国际礼仪和礼节,努力提高自身的文化和礼仪修养,通过会议接待向全世界展示我国作为文明古国和礼仪之邦的风采。

3)服务性

接待的过程就是服务的过程。会议接待要为参加对象(有时还包括随行人员、记者等)提供满意的服务,为他们提供一些方便,解决一些困难,为他们创造舒适称心的会议环境,使他们安心参加会议活动。

3.1.4　会议接待工作的原则

1)热情友好,细致周到

在会议接待中,接待人员既要有热情友好的态度,处处为参加对象着想,事事为参加对象提供方便,尽可能满足参加对象的需要和愿望,使他们有一种宾至如归的亲切感,又要有细致周到的工作作风。会议接待工作涉及方方面面,环节多、操作性强,有时一个小小的差错就可能引起客人的误会或不愉快,影响整个会议活动的顺利进行,甚至产生不好的政治影响和一定的经济损失。因此,会议接待人员应当充分意识到接待工作的重要性,以饱满的热情认真做好每一件细小的接待工作,通过周到细致的会议服务,保证会议活动的顺利进行。

2) 一视同仁,平等对待

现代会议接待对象的广泛性特征决定了接待人员必然要接待来自不同的国家、地区或组织,不同的种族或民族,不同的意识形态、宗教信仰、风俗习惯的参加对象。在接待中,无论是举行迎送仪式、确定礼宾次序,还是安排吃住行,都必须按照国际惯例或者约定的办法,坚持一视同仁、平等对待的原则。任何歧视或不尊重,都能引起气氛和关系的紧张,不利于实现会议活动的目标。

3) 节约俭省,倡导新风

从主办方的经费使用情况来看,绝大部分支出是用在会议活动的接待上。因此,勤俭办会的关键之一就是会议接待要注意俭省节约,无论对内还是对外,对上还是对下的接待,都要坚持这一原则,反对讲排场、摆阔气、奢侈铺张、大吃大喝,倡导勤俭节省、讲求实效的文明会风。

4) 加强防范,确保安全

会议接待,安全第一。没有切实的安全保证,就不会有成功的会议。会议接待的安全包括饮食安全、住地安全、交通安全等。为了确保安全,必要时可同有关安全保卫部门联系,采取严格的防范措施,消除一切隐患,确保会议活动的安全。

3.2　会议接待工作的基本内容

3.2.1　会议接待的准备

1) 充分收集参加对象的情况

这是有针对性地做好会议接待工作的必要前提。会议接待收集参会对象信息的内容包括：

（1）参加对象的基本情况

参加对象的基本情况包括他们的国别、地区、所代表的组织机构、参加人数、姓名、性别、年龄、身份、职务、民族、宗教信仰、生活习俗、健康状况等。

（2）参会的目的、意图和背景

参会目的、意图，决定参加对象在会议期间的立场和态度。主办方应当通过多种途径了解和掌握参加对象的目的、意图及其背景，便于针对性地做好接待工作。比如了解和掌握参加对象过去参加的情况，是第一次参加还是历次都参加，过去不参加或中途退出是何原因，这一次为何参加，现在的立场如何，对哪些问题感兴趣，在接待方面曾经提出过什么要求和希望等。

（3）抵离时间和交通工具

要准确掌握参加对象抵达和返离的具体时间和交通工具，以便安排人员和车辆到机场、码头、车站迎接和送别。

2）参加对象信息的途径和方法

（1）汇总回执、报名表和申请表

汇总回执、报名表和申请表，是了解和掌握参加对象情况的主要途径和方法，据此可以了解参加对象的职业、身份、职务、性别、年龄、民族等基本信息，预计参加人数，掌握参加对象的组成结构和分布情况等信息。这些信息和数据对于做好接待工作具有十分重要的价值。

（2）查阅历次会议活动的档案资料

历次会议活动的档案资料中保存了会议接待方面的记录，这对于掌握参加对象的基本信息，了解其立场观点态度的变化以及其生活起居的特点有一定的参考价值。

（3）请有关部门提供情况

为了全面了解参加对象的情况，不妨请有关部门协助提供一些情况。比如举办国际性会议活动，可通过外国驻华使领馆了解与会国国旗悬挂的规则、特殊的礼仪与礼节等。

（4）要求参加对象出示有效证件

一些重要的会议活动，应当请参加对象出示有效的证件和盖有公章的介绍证明信函，以便确认其身份，做好接待工作。

3.2.2 拟订会议接待方案

对于重要的会议接待,会务和工作机构应当事先制订接待方案,或作为会议策划方案或预案的有机组成部分。接待方案批准后,即成为会议接待工作的依据。

1)会议接待的一般内容

(1)接待方针

即会议接待工作的总原则和指导思想。接待方针应当根据会议目标和会议领导管理机构对接待工作的要求以及参加对象的具体情况确定。

(2)接待规格

接待规格实际上是参加对象所受到的待遇,体现主办者对参加对象的重视和欢迎的程度。接待规格主要表现在以下几个方面:

①迎接、宴请、看望、陪同、送别参加对象时,主办方出面的人员的身份。这具体可以分为三种情况:一是高规格接待,即主办方出面人员的身份高于参加对象,以体现对会议活动的重视和对参加对象的尊重;二是对等规格接待,即主办方出面人员的身份与参加对象大体相等;三是低规格接待,即主办方出面的人员的身份比参加对象低。

②会议活动过程中主办方安排宴请、参观、访问、游览、娱乐活动的次数、规模和隆重程度。活动次数越多、规模越大、场面越隆重,说明规格越高,反之则低。

③主办方确定的参加对象的食宿标准。食宿标准越高则规格越高,反之则低。接待规格要依据会议活动的目标、任务、性质、接待方针并综合考虑参加对象的身份、地位、影响以及宾主双方的关系等实际因素来确定,确定接待规格要适当。涉外接待的规格应严格按有关外事接待的规定执行。

(3)接待内容

会议接待的内容包括接站、食宿安排、宴请、看望、翻译服务、观看电影和文艺演出、参观游览、联欢娱乐、返离送别等方面。接待内容的安排应当服从于整个会议活动的大局,并有利于参加对象的休息、调整,使会议活动有张有弛,节奏合理,同时也能够为会议活动创造轻松、和谐的气氛。

(4)接待日程

接待日程安排应当同会议活动日程的整体安排通盘考虑,并在会议日程表中反映出来,便于参会对象了解和掌握。

(5)接待责任

接待责任是指会议活动中各项接待工作的责任部门及人员的具体职责。接待责任必须分解并且落实到人,必要时建立专门的工作小组。如大型会议活动可设置报到组、观光组、票务组等工作小组,分别负责参加对象的接站、报到、签到、观光旅游、返离时的票务联系等工作。

(6)接待经费

会议的接待经费是整个会议经费的构成部分,主要是安排参加对象的食宿和交通的费用,有时也包含安排参观、游览、观看文艺演出等的支出,涉外会议活动还包括少量的礼品费。会议接待方案应当对接待经费的来源和支出做出具体说明。

2)会议接待方案的书面格式

会议接待方案可以包含在会议整体策划书或预案之中,也可以单独拟写,作为会议策划书或预案的附件。单独拟写的接待方案分为综合性方案和单项接待活动方案两种。综合性方案包含会议期间内所有的接待工作,单项方案仅对某项具体的接待活动做出安排。

会议接待方案的书面格式如下:

①标题。综合性方案的标题由会议活动名称加"接待方案"组成。如:"××市招商投资洽谈会接待方案"、"美国××公司与上海××公司合作生产××飞机签字仪式接待方案"、"××博览会接待方案"。单项接待方案的标题由接待活动的名称加"方案"或"安排"组成。如:"××国际经济合作组织参观昆明冶金高等专科学校活动安排"。

②正文。正文要具体说明接待对象、接待方针、接待规格、接待内容、接待时间安排、接待责任、接待经费等。

③提交方案的会务工作机构。

④提交方案的时间。

会议接待方案样式如表3.1所示。

表 3.1　会议接待方案

××市首届招商投资洽谈会接待方案

一、指导思想

为保障招商投资洽谈会的成功,接待工作一定要高标准、严要求,以热情、友善、真诚、周到的服务,使国内外来宾感到满意,从而赢得来宾的信任,树立我市文明城市的形象,体现我市良好的投资环境。

二、接站

在机场、火车站设立接待站,张贴大幅欢迎标语,由专人负责接待。重要来宾抵达时,拟安排市领导迎接。

三、食宿安排

××宾馆、××饭店等 10 家星级饭店负责安排来宾的食宿。

四、招待活动

×月×日开幕式当天,举行欢迎晚宴,由市长主持,市委书记致欢迎辞。

×月×日和×月×日分别由市政府和市对外友好协会出面举行招待酒会。

×月×日在××大舞台为来宾举行专场文艺招待演出。

×月×日下午闭幕式后,举行欢送宴会,由常务副市长主持,市长致欢送辞。

五、安全与交通

市公安局负责大会期间场馆安全保卫工作,确保场馆附近交通畅通。

市公用事业管理局负责大会期间接待用车。

六、翻译服务

为满足大会期间的翻译需要,由市外办负责抽调 50 名英、日、法三个语种的翻译人员。

七、经费

以上接待工作所需接待经费××万元。详细预算见附件。

×市首届投资招商洽谈会组委会

××××年××月××日

3.2.3　培训接待人员

会议接待的对象往往是多方面的,对象不同,接待的要求也不同,因此会议接待工作人员要根据具体的接待对象学习和掌握有关的接待知识,必要时对接待工作人员尤其是志愿前来参加接待工作的人员进行培训,使他们熟悉接待对象的基本情况、特点,以便有针对性地做好接待工作。下面的例子会有一定的启发:由联合国倡议举行的阿富汗未来政府筹建磋商会议于2001年11月27日在德国波恩莱茵河畔彼得斯贝格镇上的国宾馆举行,虽然这座五星级的宾馆曾经接待过无数达官显贵,举办过无数次重要的国际性会议,服务人员可谓是见多识广,但这次还是碰到了新难题:如何为阿富汗客人熨烫缠头布,宾馆里居然没有人会收拾这东西,于是宾馆赶紧派人专门学习。饮食和礼拜也是不小的问题。由于当时正好遇上穆斯林的斋月,为了尊重穆斯林的习惯,宾馆在每天日出前为客人准备好早餐,日落后则提供自助餐。由于与会的阿富汗代表分别来自穆斯林的逊尼派、什叶派等不同的派别,宾馆分别为他们安排了不同的礼拜厅,并且提供了质量一流的传统伊斯兰风格的地毯。

3.2.4 落实接待事项

1)安排食宿

会议活动开始前,要根据已经获得的参加对象的信息、经费预算标准以及参加对象特殊要求,安排好就餐,预订好住房。如果安排宴请,要事先根据接待规格和人数,确定宴席的标准、地点和席数。

2)准备接待礼物

举行涉外会议活动,常常要赠送一些礼物给参加对象。准备礼物应注意:

①低值、小额。世界上很多国家对接受礼品的数量和价值有法律规定,因此,赠送给客人的礼物必须符合这些规定,否则等于白送。

②力求体现民族特色和地方特色,或者体现主办者的形象,具有纪念意义和象征意义。

③尊重客人的习俗和爱好。

3)落实交通工具

会议接待部门要配备一定数量的轿车、客车。此外,可同信誉良好的出租公司签订用车合同,保证会议接待用车。对所配备的车辆应进行安全检查,对司机应进行安全行车和外事纪律的教育。

4)布置安全保卫工作

对有重要领导人或重要外宾参加的会议活动,应同安全保卫部门联系,做好警卫工作。

5) 选派翻译和陪同人员

涉外会议活动或有少数民族代表参加的会议活动,要选派外语翻译人员或少数民族语言翻译人员。外语翻译人员应当根据会议的工作语言选派。翻译人员应当政治上可靠,业务上过硬。

会议活动中如安排参观、考察、游览活动的,要选派身份合适的人员陪同。专业性较强的参观考察,应当选派既懂业务又有身份的人员进行陪同。

6) 准备接待物品

在接站和参加对象报到时,要树立醒目的接待标志,如:"××会议接待处"、"××会议报到处"等。同时,要准备好桌、椅、登记表、笔等参加对象报到时的必需用品以及车辆、通信工具等。

7) 落实相关事宜

联系落实参观、游览、文艺演出、娱乐活动的项目、时间、地点以及相关事宜。

3.2.5 接站与引导

1) 接站的意义

会议接待人员前往机场、码头、车站迎接参加对象,这项工作叫做接站。接站是跨地区、全国性和国际性会议活动接待工作的第一道环节。优质的接站服务会给参加对象提供极大的方便,对初次到访的参加对象来说尤其如此,使他们一抵达会议举办地,就有一种宾至如归的亲切感。对一些带有偏见或对会议活动心存疑虑的参加对象,优质的接站服务还能够使他们产生良好的印象,甚至在一定程度上减少偏见、消除疑虑。

2) 接站工作的程序和要求

(1) 确定迎接规格

重要领导或外宾前来参加会议活动,要事先确定迎接的规格,主办方应当派有一定身份的人士前往机场、码头、车站迎接。会议接待人员要事先了解他们抵达的具体时间以及所乘的交通工具,并通知迎接人员提前到达迎接现场。

(2)组织欢迎队伍

如举行重大会议活动,为表示对参加对象的热忱欢迎,可在机场、车站、码头组织一定规模的群众性欢迎队伍。

(3)树立接站标志

参加对象集中抵达时,在出口处以及交通工具上要有醒目的接待标志,以便参加对象辨识。接站现场较大、人员较杂时,还要准备好手提式扩音机。个别接站时,接站人员可以手举欢迎标志,上书"欢迎×××先生"等字样。

(4)掌握抵达情况

接站人员要随时掌握参加对象抵达的情况,特别要留意晚点抵达的参加对象,避免漏接,同时注意与机场、火车站、码头等联系,了解抵达准确信息。抵达信息往往可以在会议参会申请表中体现,或单独的接站回执中反映。参加会议代表接站回执如表3.2所示。

表3.2 参加会议代表接站回执表

姓　名		单　位	
联系电话		到达航班(车次)	
到达日期、时间		离开日期	

(5)热情介绍

参加对象到达时,迎接人员应迎上前去自我介绍,并主动与其握手以示欢迎。如果领导人亲自前去迎接重要的参加对象,且双方是初次见面,可由接待人员或翻译人员进行介绍。通常先向来宾介绍主办方欢迎人员中身份最高者,然后再介绍来宾。主客双方身份最高者相互介绍后,再按先主后宾的顺序介绍双方其他人员。这种介绍有时也可以由主办方身份最高者出面。介绍时要注意以下几点:

①被介绍人的姓名、职务、职称、头衔要准确、清楚,这要求接待人员事先掌握迎接人员的基本情况。

②按职务和身份的高低顺序进行介绍。

③介绍时要有礼貌地用手示意,不能用手指指点点。

④主动握手见面、介绍的同时双方要握手。握手是国际、国内常见的礼节。主人主动、热情的握手会增加亲切感。

⑤献花。对重要的参加对象(如外国知名专家、劳动模范、获重要奖项者)可安排献花。献花必须注意以下几点：所献之花以红花色系与紫花色系为佳，选择的花语以代表"友谊、喜悦、欢迎"的花材为主，而且必须是鲜花，花束要整齐、鲜艳。对外籍参加对象献花要尊重对方的风俗习惯，花的品种和颜色要根据不同的对象来选择，一般忌用菊花、杜鹃花、石竹花以及以黄色为主的花，因为菊花在法国、意大利等一些国家是用于治丧，黄色的花在许多国家和民族被视为不吉利而受到厌恶。一般安排少年儿童(一男一女)或女青年献花。如参加对象夫妇同时到达，由女少年向男宾献花，男少年向女宾献花。少先队员献花时，应当先敬礼。有时也可由主办方领导人亲自上前向来宾献花，以表示最诚挚的欢迎。献花一般安排在主客双方见面、介绍、握手之后。

⑥陪车。陪同客人乘车时要注意座位次序。小轿车座位的礼宾次序通常为"右为上、左为下；后为上、前为下"，即小轿车的后排右位为上座，安排坐客人；后排左位为次座，安排坐主办方领导人；接待人员坐在司机旁的座位。接待人员受领导委托单独陪车时，坐在客人的左侧。上车时，接待人员应打开右侧车门，请客人从右门上车，自己从左侧门上车，避免从客人座前穿过。遇到客人上车后坐到了左侧，则不必请客人挪动座位。但如果是重要的外宾，车前挂有双方国旗时，则应严格做到主左客右。

⑦注意安全保卫，准备新闻报道。迎接重要的参加对象，要布置好安全保卫工作，并与新闻单位联系，准备采访和发布新闻消息。

3)引导工作

(1)引导工作的含义和意义

引导是指会议活动期间会务工作人员为参加对象指引会场、座位、住宿的房间以及参加对象所要打听的地方的路线、方向和具体的位置。引导虽然看似小事，但却能给参加对象提供许多方便，使他们感到亲切。

(2)引导工作的要求

引导工作贯穿于整个会议期间内，每一位会务和展务工作人员都应当履行为参加对象引导的义务。但参加对象报到以及进入会场时应当派专人负责引导，这类专职引导人员常常称为礼仪人员。

负责引导的礼仪人员要统一着装，熟悉会场的布局以及各种配套设施的情况。大型会议活动的礼仪人员还要了解本地的交通、旅游、购物等情况，以备参加对象随时咨询。国际性会议的礼仪人员还要会熟练使用外语。

3.2.6 报到与签到

报到与签到的联系与区别：报到和签到都是指参加对象到达会议举办地时所办理的手续。会期较短、无需集中接待的会议活动，一般只需办理签到手续，但如果会期、展期较长、具体活动较多、需要集中接待的会议活动，不仅要求参加对象签到，而且还要办理报到手续。二者的区别是：报到是指参加对象在达到会议活动所在地时所办理的登记注册，但不一定证明其参加每一次具体的活动；签到则是参加对象在进入会场或展馆前签名或刷卡，证明他参加了这一次具体会议活动。在法定性会议上，签到是一种法律行为和会议纪律。

1）报到工作

参加对象报到时，会议接待人员要做好以下工作。

（1）查验证件

查验证件的目的是确认参加对象的参会资格。需查验的证件包括会议通知书、邀请书、单位介绍信、身份证和其他有效证件。

（2）登录信息

即请参加对象在登记表上填写个人的有关信息，如姓名、性别、年龄、单位、职务、职称、联系地址、电话等。会议报到登记表既可以据以统计参加会议活动的人数，以便做好会议活动期间的各项服务工作，又可据此编制参加对象通讯录。

会议登记表样式如表 3.3 所示。

表 3.3　××××会议报到登记表

（20××年×月×日）

序号	姓名	性别	年龄	工作单位	职务	职称	通信地址	电话	房间号码

（3）接收材料

即由会议接待人员统一接收参加对象随身带来的需要在会上分发的材料，经审查后再统一分发，以免由于参加对象在会场上自行分发而影响会议秩序，同时也可防止自行分发材料可能造成的其他不良后果。

（4）发放文件

除了提前分发的会议文件外，其他文件应当在参加对象报到时一并发给。会议文件应当按照保密要求分类发放和管理。保密文件和需要清退的会议文件必须履行签收手续，并发给文件清退目录，嘱其妥善保存，会后退回。

（5）预收费用

有的会议活动须由参加对象支付一定费用，如会务费、食宿费、资料费等。这些费用有的是事前通过转账支付的，有的是在报到时用现金支付，因此应该安排会务财务人员现场预收费用并开具收据或发票。

（6）安排住宿

要根据参加对象的身份和要求，在现有的条件下合理安排住宿。住宿安排好后，接待人员应当在登记表上标明每个参加对象的房间号码，以便会议期间的联系。通常情况下，会议的报到与住宿安排连在一起。大型会议如果想要签到过程不出现混乱，必要的流程及准备是必须的——回执统计表、报到表格、引导及协助人员、住宿宾馆准确的房间数量及房间号、房间分配表、钥匙、标明入住者姓名及房号的小信封（内装客房钥匙，通常酒店可以提供）、入住酒店相对明显的路径指示、会议须知、会议详细日程、考察线路及参与方式、酒店功能开闭说明及付费标准、返程预定及确认、会务交通使用方式及付费标准等。如果可能，尽量使用计算机做报到、签到。

2）会议签到的作用和方式

（1）会议签到的作用

①便于统计实到人数。实到人数往往是确定法定性会议有效性的必要条件。签到能够精确统计参加会议的人数，因而是法定性会议不可缺少的工作程序。一般的会议活动通过签到，统计出实到人数，为会议效果评价提供依据。

②检查缺席情况。参加对象的缺席，会影响会议精神的全面贯彻落实。签到能够准确反映缺席情况，以便及时通知有关人员到会，或通知缺席对象另行补会，防止会议精神在这些单位得不到及时传达和贯彻。

③留作纪念。庆典仪式、纪念性和追悼性会议活动的签到簿可以珍藏，留作永久的纪念。

④历史凭证。参加对象的亲自签名是第一手签到记录，是其参加会议活动的书面证明，可为日后的查考提供历史凭据。

（2）会议签到的方式

①簿式签到。参加对象在工作人员事先准备好的簿册上签名，以示到会。簿册签到宜于保存，也具有纪念意义，常常用于各类庆典和仪式。会议活动规模较大、参加对象较多并且集中到达时，可采取分头、分册签到的方法，以避免产生签到时拥挤的现象，影响会议活动按时进行。签到簿的封面或扉页上应当写明会议活动的名称、时间和地点，以便将来查考。

②表式签到。参加对象在工作人员事先准备好的表格上签名，以示到会。通常情况下，会议活动都可以采用这种方式签到。规模较大、参加人数较多的会议活动，要多准备一些签到表，采取分头签到的方法，会议活动结束后，再装订成册。特别要提醒的是，千万不要随便拿一张纸签到，这样会给统计人数、检查缺席情况造成很多麻烦。签到表包括下列项目：

a. 标题。普通的会议写"会议签到表"即可。重大的会议应当写明会议的名称，如"×××代表大会签到表"。经常性的会议，标题可以固定化，如"×××办公会议签到单"。标题列于表格上方居中。

b. 会议活动名称。如标题中未写明会议活动名称，则在表格内写明。

c. 主办单位。写明主办单位的名称，应当写全称和规范化简称。

d. 举行时间。写明具体的年、月、日、时、分。

e. 举行地点。写明具体场馆名称。会议活动要写明所在的宾馆名称、楼号、房间号码。

f. 应到单位名称或应到人姓名。这一栏由会务和展务工作人员事先填好，经常性的会议活动参加的单位和人员相对固定，可在制表时将应到单位和应到人一起印出，以便参加对象对号签名。这样做可对缺席情况一目了然，同时也便于统计参加人数。如有列席对象，应与出席对象分栏签到。

g. 参加对象签名。参加对象在相应的空格内对号签名。

会议签到表样式如表 3.4、表 3.5 所示。

表3.4 ××××××会议签到表(a)

时 间	年 月 日 时 分		
地 点			
出 席	签 名	列 席	签 名
张 维		李 明	
王 立		李 伟	
王善祥		钟杰书	
施福生		×××	
×××		×××	
×××		×××	

表3.5 ××××××会议签到表(b)

会议名称			
主办单位			
时 间		会议地点	
出席单位	签 名		
×××			
×××			
×××			
×××			
×××			

③电子签到。即将电子签到卡预先发给参加对象(如报到时发给),入场时,只需将签到卡放在签到机感应板上,或通过非接触式扫描,系统就会自动记录和显示参加对象的姓名、性别、年龄、单位、职务、职称、代表性质、组别、代表证编号等信息,并自动进行统计分析,在显示屏上显示出到会和缺席等一系列数据。电子签到卡往往和代表证组合制作,这样使用起来更方便。例如现在两会上,就是采用这样的形式。

3.2.7 安排饮食

(1)安排饮食的要求

①饮食卫生。饮食安排,卫生第一。只有清洁卫生的饮食才能使与会代表吃得好,吃得满意。因此,要按照有关食品卫生的要求和规定,采取得力措施,实施严格管理,确保饮食安全,从而保证会议活动的顺利进行和圆满结束。

②规格适中。会议活动中的饮食一定要根据经费预算确定就餐标准来安排。饮食标准应当由会议活动的领导机构确定,并贯彻勤俭节约的原则,反对大吃大喝和铺张浪费。

③照顾特殊。参加对象中如有不同饮食习惯的少数民族代表、外宾或其他有特殊饮食要求的代表,要特别予以照顾,尽可能满足他们的需要。

(2)安排饮食工作的程序

①制订饮食工作的方案。会期较长的大型会议活动,要事先依据会议活动整体要求制订一套详细工作方案,主要内容包括:

a.就餐标准。就餐标准要分解到早、中、晚三餐的具体支出。

b.就餐时间。就餐时间一般要同会议活动的作息时间综合考虑,同时要符合人们的日常饮食规律。

c.就餐地点。如果人数较多,要多安排几个就餐地点。

d.就餐形式。采取个人分食制还是同桌合餐制。

e.就餐人员组合方式。就餐时是自由组合还是按会议活动编组的方式组合。

f.就餐凭证。凭就餐券入场还是凭会议证件入场就餐。

g.保证饮食安全的具体措施。

②预定餐厅。餐厅的选择要考虑以下几点:

a.餐厅大小是否能够容纳会议活动全部就餐人员,包括参加对象和工作人员。

b.餐厅的卫生条件是否达到规定的标准。

c.饭菜品种和质量否满足要求。

d.餐厅与会场和代表驻地的距离是否适当。

e.价格是否合理。

③印制和发放就餐凭证。为加强就餐管理,防止有人"混会、吃会",一般采取两种办法:

a.印制专门的会议活动就餐券,在参加对象报到时和会议文件一起发放,以后每次就餐时,由工作人员收取。会议餐券样式如图3.1所示。

图3.1 会议餐券

b.凭会议证件进入餐厅就餐。

④统计就餐人数。准确统计就餐人数,是安排好就餐的重要前提。人数不准确,偏多则造成浪费,偏少则会影响部分参加对象的就餐。统计人数的方法一是根据会议签到,二是分组统计,然后汇总。

⑤商定菜谱。会议工作部门要十分重视菜谱的制订。要在经费预算的框架内,尽可能与有关餐厅商定一份科学、合理的菜谱,并尽可能满足少数民族代表以及一些有特殊饮食习惯的代表的需求。如是国际会议,要考虑中西方饮食文化的不同特点。

⑥餐前检查。就餐之前,要对饭菜质量、份数、卫生状况等进行必要的检查,发现问题,及时纠正或者调整。

⑦餐后反馈。参加对象就餐后,要注意听取他们对饭菜质量以及餐厅服务态度的意见,以便及时改进服务。

3.2.8 安排住宿

1)安排住宿的要求

①住地相对集中。住地相对集中,一是有助于会议活动期间的信息沟通和

事务联系,从而有利于加强对会议活动的领导与管理;二是有助于休会期间参加对象之间进行非正式的沟通和交流。

②距离会场较近。会议活动住地要尽量靠近主场馆。会议活动最好是会场和住宿的房间在同一个宾馆,这样既方便参加对象,又可以节省时间和交通费用。

③设施齐全、确保安全。参加对象住宿的宾馆饭店除应具备基本的生活设施外,还必须具备良好的消防和安全设施,并配备专门的保安人员,确保参加对象住地的安全。

④合理分配、照顾特殊。房间的分配有时是一个比较敏感的问题,因此,职务和身份相同的参加对象,其住房标准要大体一致,以免产生误解。比如,召开一次代表大会,如果各代表团所住的宾馆条件相差太大,会产生一些不必要的误会。有些学术会议,出席者的身份高低不等,安排住房时,有必要作适当的区别。有时一些代表自费出席会议,对房间有特别的要求,也应当尽可能予以满足。总之,要做到合理、合情。

⑤规格适中、勤俭节省。在会议活动费用中,住宿费用往往占很大比例,因此,贯彻勤俭办会的原则,关键之一是尽量节省住宿的费用。要根据会议活动的实际需要来确定所住宾馆的规格,不要盲目追求高规格,动辄租借豪华宾馆,但参加对象有特殊要求并自行付费的则另当别论。

2)住宿安排工作的程序

①制订住宿安排工作方案。大型会议活动的住宿安排需要事先制订方案,内容一般要包括所住宾馆的地点、规格、费用、房间分配原则等。这一方案也可以同饮食安排二号案一起制订。

②统计住宿人数。住宿人数的统计可分为两步:第一步是根据会议活动通知的回执、报名表、申请表统计到会的大致人数,并据此预算预订的房间数量;第二步是统计实际报到的人数,这一数字比较准确,是最后落实房间和床位的依据。住宿人数应当包括需要住宿的记者、参加对象的随行人员以及会务工作人员。

③分析参加对象的情况。预订和分配房间之前,还要仔细分析参加对象的基本情况,如参加对象的性别、年龄、职务、职称、专业以及生活习惯、相互关系等。一般情况下,应当适当照顾女性、年长者和职务较高者。如果安排两人一间房间,专业相同或相近参加对象同住一间,会有利于他们之间进行交流。参加对象如果带随行工作人员,可将他们安排在一起或相邻的房间,以便于他们

开展工作,但有专门规定的除外。

④确定预订房间的数量。预订房间的数量既要考虑参加对象的人数和他们的具体情况,同时也要根据会务管理和服务的实际需要。比如,有时会务工作部门需在宾馆设立值班室或临时办公室,有时参加对象需要在宾馆内会见客人,应当适当预订若干会客厅。如果分组讨论的会议安排在宾馆内举行,还应预订大小适中的会议室。

⑤预订宾馆和房间。预订宾馆和房间除了注意上面几点要求外,还要考虑:该宾馆的房间数量能否容纳会展活动的住宿人数,如果是大型会议活动,住宿人员较多,一个宾馆容纳不下,还要预订多个宾馆,但宾馆之间的距离要尽量靠近,距离太远会给会务展务管理以及服务工作带来诸多不便;房间的布局是否集中,房间过于分散同样不便于管理和服务;房间内的生活设施是否齐全并且完好;价格是否合理等。留有一定的余地,以便遇到特殊情况时可以随时调剂。

⑥分发房间钥匙。这项事务一般在参加对象报到时会同宾馆工作人员一起操作,在分发钥匙时,应该注意登记参会人员的房号,便于掌握相关情况。

3.2.9 安排作息时间

会议活动的作息时间是会议活动举行期间全体参加对象生活起居和参加会展活动必须共同遵守的具体时间、地点安排,一般由会务工作部门提出并经会议活动领导机构同意后印发。

(1)会议活动作息时间的构成

①就餐时间,包括每天早、中、晚三餐的时间。

②每天上午、下午会议活动的开始、结束和休息时间。

③会议活动辅助活动的时间,如晚上的娱乐活动时间安排。

④茶歇时间。每天会议活动开始后一个半小时或两个小时后,一般会安排一定的会间休息时间,称为茶歇。茶歇会为与会者提供饮料和食品,可以使与会者放松休息,同时增加与会者交流的机会。

(2)安排作息时间的要求

①服从会议议题性活动的需要,这是制订会议活动作息时间表的基本要求。

②劳逸结合,充分安排休息时间,保证参加对象有充沛的精力参加会展活动。

③会议作息时间表应在与会者报到时分发。

④作息时间如有变化应及时通知到每一个参加单位和每一位参加对象。

(3)作息时间表的格式

①标题。会议活动名称(可用简称)加"作息时间"或"时间安排"。

②会议活动举行日期。位于标题之下居中,写明年份和开始、结束日期,外加圆括号。

③正文。会议作息时间表一般以时间为线索,写明就餐、开会、休息以及辅助活动的具体时间。

④落款。一般写"××会议秘书处"或"××会议组委会"即可。

会议作息时间样表如表 3.6 所示。

表 3.6 会议作息时间表

××××国际学术研讨会作息时间
(2013 年 5 月 5 日 ~ 8 日)

时间	活动
7:00 ~ 7:45	早餐
8:00 ~ 9:45	举行会议
9:45 ~ 11:15	茶歇
11:15 ~ 12:00	举行会议
12:00 ~ 12:45	午餐
12:45 ~ 14:00	午休
14:00 ~ 15:30	举行会议
15:30 ~ 16:00	茶歇
16:00 ~ 17:30	举行会议
17:30 ~ 18:30	晚餐
18:30 ~ 21:30	电影、娱乐、自由活动

××××国际学术研讨会组委会

3.2.10 文艺招待

会议活动中可以举行文艺招待会,以丰富会议活动期间的业余生活,做到劳逸结合,同时也可以带动旅游消费。

文艺招待的形式多样,如观看文艺演出、电影等。具体组织工作如下:

（1）选好节目和影片

选好节目和影片要注意以下几点：

①配合会议的主题。文艺招待的节目和影片分为两类：一类是教育性，另一类是娱乐性。在指导思想上，应当以教育性为主，而且应当配合会议活动的主题，如纪检监察工作会议可选择反腐倡廉题材的节目和影片，教育工作会议则选择反映教育战线改革题材的节目和影片，适当安排娱乐性的节目和影片。

②照顾对象的兴趣。文艺招待在某种意义上说，是对参加对象的慰劳，适当照顾他们的兴趣和要求也是理所当然的。

③尊重对象的宗教信仰和风俗习惯。要特别注意审查节目和影片的内容，避免因政治内容或宗教信仰、风俗习惯等问题而引起参加对象的不愉快。

④体现民族特色和传统文化。国际性会议活动的文艺招待要尽可能选择能够体现主办国民族特色的节目。双边会议活动的文艺招待可适当安排客方国家、地区的民族传统节目，以体现尊重和友好。

⑤体现本单位、企业的文化，展现本部门人员的全方面的素质和能力，营造文化氛围。这对于在进行检查评比的会议代表、专家将从另外一个角度得到新的感觉、体验，使会议代表有更好的印象。

（2）安排好时间

观看文艺演出或电影应安排在休会期间，如晚上或休息日，不影响会议活动的进行。最好安排在会议开幕前后或中间，保证会议招待演出的效果，不要安排在会议的结束，由于会议代表准备离开，造成会议招待演出效果不佳。

（3）安排好接送

组织观看文艺演出或电影，应当集体行动，因此要事先统计好人数，安排好来回接送的车辆，并注意上车后清点人数，避免漏接、漏送。

（4）组织好专场演出的入席与退席

专场演出即专为欢迎双边会议活动的客人而安排的文艺演出。演出前，安排普通观众先入席。主宾在开幕前由主人陪同入场。此时，全场起立鼓掌表示欢迎。演出进行中，观众不得退场。演出结束后，全场起立向演员热烈鼓掌以示感谢。观众应待主人和主宾退场后再离去。如果主宾向演员献花篮并合影，观众不应立即散去，应在主人和主宾与演员合影结束离去后方能退出演出剧场。

3.2.11 组织参观、考察、游览

1）策划项目及线路

策划项目及线路要考虑以下几方面：

①切合会展主题。参观、考察、游览的项目要尽可能与会议活动的目标和主题相适应。如召开安全生产工作会议可以组织参观在安全生产方面的正反典型企业。

②照顾对象的兴趣。参加对象的兴趣、擅长和要求也是项目和线路策划应当考虑的因素。要尽可能地安排大部分参加对象感兴趣的项目。参加对象兴趣不大或者毫无兴趣，则组织参观游览就显得毫无意义。例如著名旅游景点附近召开会议，应考虑安排会议参会者参观当地著名景点，以满足会议代表对当地旅游景点的兴趣。

③接待能力。要考虑参观、考察、游览的当地是否具有足够的接待能力？有些项目虽然非常合适，但要如果当地的接待能力有限就可能被迫取消或改变考察的方式，如分批考察、减少考察时间等。

④内外有别。有的项目不宜组织外国人参观游览，有的项目参观时有一定的限制要求。安排时应当了解有关的规定，做到内外有别，注意做好保密安排。如外国客人提出一些不宜参观的项目，应婉言拒绝或托辞谢绝。有些项目则要报经有关部门批准。

2）安排落实

①项目确定之后，应及时与接待单位取得联系。如对方无法接待，要及时更换项目。

②制订详细计划，安排参观游览的线路、具体日程和时间表，并明确告知参加对象，让他们做好思想准备和物质准备。大型会展活动安排应当在会议通知、邀请函中加以说明，并列明各条考察观光项目和线路的报价，以便参加对象选择。

③落实好车辆，安排好食宿。

④准备必要的资金和物品，如摄像机、摄影机、手提扩音机、对讲机、团队标志、卫生急救药品等。

⑤人数较多时事先编组并确定组长，明确责任。

⑥旅游项目也可委托旅行社实施,但必须选择信誉好、价格合理的旅行社,并签订合同。

3)陪同安排

组织考察、参观、游览应当派有相当身份的领导人陪同。除必要的工作人员外,其他陪同人员不宜过多。每到一处,被考察、参观单位应当派有一定身份的领导人出面接待欢迎并做概况介绍。如果是游览,应配备导游。陪同外宾参观考察、参观游览,应配备翻译。

4)介绍情况

每参观游览一处,应由解说员或导游人员作具体解说和介绍。介绍情况时,数字、材料要确切。向外宾介绍情况,要避开敏感的政治、宗教问题,保密的内容不能介绍。对外宾不宜用"汇报"、"请示"、"指示"、"指导"、"检查工作"等词语。

5)摄影

遇到不让摄影的项目或场所,应当事先向客人说明,现场应竖有"禁止摄影"的标志。

6)注意安全

参观游览,安全第一。参观施工现场,进入前要对参加对象进行安全教育,佩戴好安全帽。参观实验室要事先宣布注意事项。参观完一处,开车前要严格清点人数,避免遗漏。

3.2.12 返离工作

所谓返离,即闭会、闭展后参加对象的离会和返回。做好返离工作体现了会议接待工作有始有终、善始善终。返离工作包括以下具体内容。

1)预订返程票

返程票是参加对象最为关心的问题之一,因为这直接关系到参加对象能否按时返回单位开展工作。提前做好这项工作,能解除参加对象的后顾之忧,使参加对象安心参加会议活动,有利于提高会议活动的效率。预订返程票要注意以下几点：

①在汇总会议活动回执、报名表和申请表的同时，仔细登记参加对象对回程票的具体要求，具体包括回程的交通工具（飞机还是火车）、返程日期、航班或车次、舱位或座卧等级、抵达地点等内容。

②及时同有关部门联系订票事宜，用暂借款支付购票款。

③参加对象报到时，进一步确认其订票要求，如有变化及时与票务部门联系更改。如无变化，则当面交割回程票，并同时收取购票款。

④交割回程票时要做好记录，一旦出现问题或差错便可查对。

会议返程票预订表，如表3.7所示。

表3.7　会议返程票预订表

代表姓名：			单位：		
预订：					
（　）飞机	目的地：	日期：	航班：		张数：
（　）火车	目的地：	日期：	车次：		张数：
火车车票类型选择：（　）软卧　　　（　）硬卧　　　（　）硬座					
（　）自行购买返程票					
注：请在选择项（　）内打"√"，退票或改签由代表自己办理。					

2）结算费用

报到时如预收了有关返程费用，在参加对象离会之前，要结清应由参加对象承担的那部分费用。

3）检查会场与房间

参加对象离会离展时可能会在会场、或房间里遗忘一些物品和文件，接待人员要仔细检查，一旦发现，及时归还。属于保密文件和物品的按保密规定处理。

4）告别送行

如同接站一样，参加对象离会时也要热情欢送，具体要求是：

①会议活动的主要领导人尽可能安排时间出面告别。告别的形式可以是到参加对象住宿的房间走访告别，也可以会议活动闭幕式结束后在会场门口道

别。身份较高者还应当由领导人亲自到机场或车站送行。

②安排好车辆,将参加对象送至机场或车站。参加对象行李较多时,接待人员要主动为其提拿。

③进入机场、月台和码头送行的,当飞机、列车、轮船启动后,欢送人员应挥手向参加对象告别,直至对方的视线看不见欢送人员。

3.3 会议接待礼仪的要求

3.3.1 接待人员的仪表要求

接待人员的仪表,对接待工作的影响是不可低估的。端庄、整洁的代表,能使前来开会的客人们产生好感,从而有利于提高接待工作的效果,并突出主办者形象。研究证明,人们在判断对方时,从心理上往往无法消除由于对方外表所产生的影响。在人们交往过程中,外表因素往往有形地左右了人们之间相互关系的建立和发展。一些心理学家曾用观察实验的方法研究证明:外表的魅力与想再次与之相见的相关系数为0.9,这要比其他特征,如个性、兴趣相同等的相关系数高。由此可见,仪表在人们之间的交往中产生着重要的影响,会议接待人员更应注意着装和仪表。

仪表并不仅仅指人的容貌,它还包括姿态、神态和服饰等诸多方面。所以,除了好的容貌外,还需有良好的姿态、神态以及得体的服饰,才能更具魅力,给开会人员留下美好的印象。

1)服饰

接待人员在接待会议来宾时所穿着的服装和佩戴的饰物是否得体,不仅反映了他的审美情趣和修养,同时也反映了对客人的态度。因此,必须认真对待。服装的种类、样式、花色千差万别,因场合不同、季节变化、个人爱好及不同民族特色而使穿着显示出多样性。在正式的、隆重的、严肃的会议场合下,接待人员应着深色礼服,一般接待场合,可以着便装。无论穿着何种服装,都应注意清洁、整齐、合身。所谓合身,不单是指衣服的尺寸和人的体型相适应,还包括衣服的颜色、线条、样式和人种肤色、脸型等统一起来。例如,上身着深色毛料西装,下身穿浅色布料裤子,这就很不协调。

服饰除了服装,还包括首饰、戴饰等一类饰物。一般来说,男子的饰物比较少,仅有戒指、领带夹等,而且戒指主要是作为信物来佩戴的,其装饰作用不大。女子的饰物多一些,有戒指、项链、手镯、耳环、头饰等。

佩戴这些饰物应注意与自己的形体相协调,并考虑与服装风格的统一。在接待工作中,一般来说不易佩戴过多的饰物,以免给人造成不稳重的感觉,从而降低对你的信任。

2)姿态

一个人即使长得很漂亮,有出众的身材,但如果姿态不好,其外在美就会受到破坏。所以,养成良好的姿态,是体现仪表美的重要内容。

古人主张,人的姿态要"站如松、行如风、坐如钟",这是对姿态美的形象概括。良好的站立姿势应该给人一种挺、直、高的感觉。人体不仅要直立,还要开阔,肩不要向前倾,胸要挺,手臂在身体的两侧自然下垂,手心向里,中指微贴裤线。从侧面看,从耳与面相接处至脚的踝骨前侧,也要拉成一条竖直的虚线。腹部平,胸向前上方挺出,这样的站立姿态,才能给予人一种挺、直、高的美感。

行走的正确姿态是轻、灵、巧。行走时,要挺胸抬头以胸带动肩轴摆动,提膝,迈小腿,脚跟落地,脚掌接趾推送,不要颠跛摇摆,重心向后倒。

良好的坐态是端正、舒适、自然、大方。接待人员在有来宾的场合下,陪同时不论坐在椅子上或沙发上,最好不要坐满,上身应端正挺直,不要垂下肩膀,这样显得比较有精神,但不宜过分死板、僵硬。坐的时间长了如觉疲劳可靠在沙发背上,但不可把脚一伸,半躺半坐,更不可歪斜地摊在沙发上。坐时两腿要并拢或稍分开,男性可以翘"二郎腿",但不可翘得很高,不可抖动;女性可采取小腿交叉的姿势,但不可向前直伸。入座时,动作要轻而稳,入座后手不要乱放,不要用手托着脑袋,以免显得无精打采,心不在焉,让客人以为你不高兴,从而降低对你的信任程度。

3)神态

神态是人的内心世界的外在显露。一个人如果服饰、姿态都不错,但神态却不佳,精神不饱满,那也难以给人留下良好的印象。所以,在与人交往中,尤其是待人接客时,要保持良好的神态。

会议接待人员在接待客人时的神态表情,应该是和颜悦色、满面春风、诚恳热情、大方开朗。实践证明,面带微笑最容易受到客人的欢迎。这不仅是因为微笑在外观上给人一种美感,而且微笑常常给人带来使人满意的信息和友好热情的情感。微笑的内涵十分丰富,它既表示友好、礼貌,又是自信、成熟的象征。因此,微笑是人们交往中的一种最积极的热情。

在接待客人时,还要注意运用好眼神。俗话说,眼睛是灵魂之窗。人的内心活动,微妙的情绪变化,以及不可名状的思想意识,都可以通过眼睛透射出来。

一个人的眼神能表达各种意思。但眼神不可乱用,以避免引起误会。接待客人时,一般不要用轻蔑或审视的目光看人。在与客人交谈时,不要东张西望,表现出心不在焉的样子。看人时不要去注意人家的生理缺陷。总之,眼神应该是自然、温和、坦诚、稳重,使人感到亲切,可以信赖。

4)仪容

在接待客人时,接待人员除了要重视上述几个方面外,还需注意自己的仪容。在接待客人前,应将头发梳理整齐,胡须刮净。女性接待人员还可做一些必要的化妆,如描眉、扑粉、涂口红、洒香水等,但不要浓妆艳抹,香味刺鼻。在接待客人时,还要注意自己的卫生习惯。当着客人的面,不要挖鼻孔、搓双手、剔牙齿、掏耳朵、剪指甲。打喷嚏时应用手帕捂住口鼻,面向侧旁,避免发出大的声音。不要随地吐痰、乱扔纸屑果皮。在接待客人前,不要吃葱、蒜等味道较重的食物,必要时在口内含一点茶叶或口香糖以除异味,但在接待客人前应吐掉。

3.3.2 接待人员的言谈要求

与客人进行交谈,是会议接待工作的一项重要内容。接待人员语音优美,谈吐文雅,往往会给客人留下很深的印象,增强信任和好感,最终为会议的顺利召开产生积极的促进作用。往往同样的意思、同样的词,可以有不同的说法。而由于天生的禀赋和艰苦的努力、积累、训练,无论是对于日常生活语言和专业语言,或是对于文学语言、理论语言和艺术语言,每个人都可以熟练掌握。这门艺术取决于思想的内涵深度、语言的丰富、驾驭语言的能力和发现各种事物典型特征的观察力,还取决于接待人员对工作的敬业精神及责任感。因此,接待人员必须重视交谈。

1)谈话的要领

谈话是一门高级艺术,要使谈话达到良好的效果,应注意以下几点:

（1）谈话时的态度

人们用语言交谈，但语言并不是交谈的全部。以人类的感官而言，眼睛对刺激的反应最为强烈。研究证明，各种感官对刺激的反应程度，视觉占87%，听觉占7%，嗅觉占3.5%，触觉占1.5%，味觉占1%。可见，谈话的态度，对于交谈至关重要。在交谈中，正确的谈话态度是真挚、平易、稳重、热诚；而虚假、傲慢、慌乱、冷淡则是不良的态度。虚假，会使你失去对方的信任；傲慢，会伤害对方的自尊心；慌乱，会让对方低估你的能力；冷淡，会使对方感觉受到了不亲切的待遇。

（2）谈话时的目光

与客人谈话时，目光高度要恰到好处，也就是说要适中。谈话时，如果一个人坐着，一个人站着，那么，两个人的目光，一个仰视，一个俯视，这在心理上就会给人造成一种不平等的感觉。在这种情况下的交谈，会影响谈话效果。一般来说，在交谈时把目光放在对方目光同一水平方向上比较好。

交谈时，应注视对方的眼睛或头部，但不要死死地盯住对方的眼睛，那样会使对方感到窘迫。注视对方的眼睛，应做得轻松自然。如果两个人面对面地交谈，目光距离应该是1~2.5米。这时看对方，目光可以在对方胸部以上，头顶上方5厘米以下，两肩外侧10厘米以内的范围里比较好。

（3）谈话时的手势

在与客人谈话时，为了加强语气，强调内容，适当地做一些富有表现力的手势，可以加强语言效果。但手势不宜过多，也不宜重复。过多了，显得指手画脚不稳重，会惹人讨厌。反复做一个同样的手势，则显得单调、乏味、缺乏艺术性。

在做手势时应注意，当讲到自己或自己的公司时，不要用手指着自己的鼻子尖，而应该将手掌按在自己的胸口上，这样显得端庄、大方、谦虚斯文；讲到参加会议的客人时，则不可用手指指着他，这样会使他觉得受到污辱，从而收不到好的交谈效果。

（4）谈话中的语言和内容

与客人谈话中所用的语言要文雅、简洁、清楚、明白。谈话的内容一般不涉及疾病、死亡等不愉快的事情，不谈荒诞离奇、耸人听闻、黄色淫秽的事情。一般不询问女性来宾的年龄、婚姻，不询问对方的履历、工资收入、家庭财产、衣饰价格等私人生活方面的问题，更要注意不可说她长得胖、身体壮等语。客人不愿回答的问题不要追问，不要追根究底。如遇对方反感的问题应表示歉意，或立即转移话题。谈话中，一般不过多纠缠；不高声喊叫，不恶语伤人，出言不逊；

不斥责,讥讽辱骂。在交谈中,不要喋喋不休讲个不停,要给客人发表意见的机会。

另外,谈话时还要注意使用礼貌语言。培根说过:"得体的客套与美好的仪容一样,是永远的推荐书。"接待人员使用礼貌用语,就会显得彬彬有礼。以下是在会议接待中常用的礼貌用语。

- 宾客来时说:"欢迎光临"。
- 请人批评时说:"多多指数"。
- 看望客人时说:"拜会"、"拜望"。
- 等候客人时说:"恭候大驾光临"。
- 中途先行一步说:"失陪"。
- 请对方勿相送说:"您请留步"。
- 麻烦别人说:"有劳"、"打扰"。
- 请客人原谅说:"请多包涵"。
- 请客人指点说:"多赐教"。
- 请求客人解答说:"请问"、"请教"。
- 赞成客人的见解说:"高见"。
- 陪伴客人说:"陪同"、"奉陪"。
- 感谢时用"承蒙帮助"。
- 感谢客人赞赏用"承蒙夸奖"。

总之,接待人员的语言要礼貌、真诚、文雅、得体、自然、言必由衷。过多客套、热络、做作则会让客人感到不自在。

2)聆听的要领

在与客人的交谈中,不但要善于表达自己的意思,而且要善于聆听对方的谈话,这样才能使双方进行有效的交谈。有的时候,"会说不如会听"。因此,会议工作的接待人员,也应体会聆听的要领,掌握聆听的艺术。

在聆听对方谈话时,应注意做到以下几点:

(1)主动积极

对对方的感觉和意见表示出极大的兴趣,并且积极努力去听,去了解对方。在交谈时,应该让对方有时间不慌不忙地把话说完,即使对方为了理清思路,做短暂的停顿,也不要打断他的话,影响他的思路。

(2)要去体察对方的感觉

一个人感觉到的往往会比他的思想更能引导他的行为,越不注意感觉的真实面,就越不会彼此沟通。体察感觉,意思是指将对方话语后面的情意复述出来,表示接受及了解他的感觉。

(3)耐心

对方谈话时,要全神贯注地聆听,不要做无关的动作或低头只顾做自己的事情,或面露不耐烦的表情;不要分散自己的注意力,应将注意力放在谈话的内容上,注意信息的反馈。往往客人无意识说的话,对你是一个重要的信息来源,说不定对你的决策大有帮助。

(4)思考

要学会思考,要使思考的速度与谈话相适应,大脑要抓紧工作,勤于分析。如果对方在谈话时,你心不在焉、不动脑筋,就会记不住对方谈话的内容,不得不让对方重复谈话内容,这样就很耽误时间,影响工作效率。

3)电话交谈要领

在各种会议活动中,有见面的交往,也有不见面的交往。电话联系就是一种不见面的交往。它可以节约时间、节约人力、节约财力、缩短空间距离、提高工作效率。因此,接待人员要学会利用电话与对方沟通。

如果开会人员对会议的时间、地点、日程安排等具体情况还不是十分清楚,那么,他很可能先打电话进行询问。作为接待人员,当电话铃声响起来后,就要尽快地拿起听筒,一般不要让铃声响第三下。如果动作慢了,要说声:"对不起,久等了。"一般拿起电话就道声"你好",再自我介绍。

跟着,在确认对方后,可以简单寒暄几句,但不要冲淡对方来电话的主题意义。当对方对会议的召开有不清楚的地方,要详细、耐心地加以解释。在正确听取事情内容后,必须马上判断哪些问题自己可以处理;对不能处理的问题,可以请客人稍待片刻,等自己问清楚处理的方法后,再告诉对方,尽量使对方满意。当然,要做到这一点,接待人员平时必须熟悉业务,这是很重要的.当事情谈完后要等对方切断电话,自己再放下听筒。

总之,因为打电话只能察言,不能观色,所以一定要重视语言正确、语气谦虚、语调亲切、语音合适、回答圆满,给客人以好感。

3.3.3　接待人员的行为举止要求

1) 介绍

会议接待人员有时需同客人联系,见面时应先自我介绍。陪同领导人看望、拜访客人时,应先将领导人介绍给客人,再将客人介绍给领导人。如前去看望客人的领导人和陪同人员较多,可按身份高低的次序逐一介绍,在其他活动场合为他人介绍时,应先了解双方是否有结识的愿望,不要贸然行事,尤其是涉外活动,更应谨慎。介绍时,应先把身份低、年纪轻的介绍给身份高、年纪大的,把男士介绍给女士。

2) 握手

与客人见面和离别时表示友好的礼节有若干种,如握手、双手合十、举手礼、抱拳、贴面颊、亲脸、鞠躬、点头或脱帽致意、亲手等。一般情况下,接待客人最常用的表示友好的礼节就是握手。握手这种方式,看似简单,实际上也是有讲究的。首先,握手要把握次序。之所以要讲究谁先伸手,是出于礼貌,我们要尊重别人。在交往中要尊重对方的尊严、感情、爱好、意见等。一般地说,在性别差异里,先伸手的应是女性,而男性则应立即伸手回握。身份职位有高低时,下级要等上级先伸出手,以示对主管的尊重,然后下级要立刻回握。老幼之间,年幼的一般要等年长的先伸手。总之,握手时让女性、长辈、主管先伸出手,表示对他们的尊重。其次,还要注意握手的姿势。正确的姿势是右臂平伸,掌心向左,双方以温暖的掌心相握,眼睛看着对方,脸上要有表情,在握手中流露诚挚、温暖、亲切的笑容,敷衍了事是不礼貌的,也显得不热情。有时,握手时还要随机地讲一两句话,就是"握手语"。握手语随握手方式、对象及环境等的不同而不同,它能活跃气氛、加深印象、增进友谊和沟通情感。

3) 名片

与客人相见时,接待人员应做自我介绍。如有名片,应递上名片。如果没有,则要自我介绍。介绍应该做到简洁明了,口齿清楚,不要使客人听不清。在接受客人的名片时,要毕恭毕敬,这样会使客人感到你对他的名片感兴趣。接过客人名片后,一定要看一遍,绝不要不看就收藏起来。看不清楚的地方或客人的姓名有难读的文字,应马上询问。例如说:"很抱歉,先生,请问您的名字应该怎样称呼?"这样非但不是失礼,相反是很礼貌的,如果客人没有名片,他的话你就应该认真倾听并牢记在心了。在与客人接触过程中,记住客人的名字就等于给客人最亲密的赞美。如果记不住名字或反复多次询问客人的姓名,这便是不礼貌的。

4)行为姿态

接待人员举止应当文雅、庄重、大方。站立时身体不要歪靠一旁;不能坐在桌子上与客人交谈,坐时不要跷腿摇脚,坐在沙发上不要半躺;走路时脚步要轻,遇急事可急步行走,但不可慌张奔跑。在会议、会谈、会见及其他活动中,接待工作人员如有急事通知领导人或参加对象,不应大声叫喊,而应当轻轻走上前去耳语或递纸条告知。引导参加对象时,应走在左侧稍前的位置,并侧着身体走路,拐弯时应用手示意,进门时应为客人打开门并让客人先进。平时和参加对象同乘电梯、进门或入座时,应主动谦让。

3.3.4 会议接待细节要求和建议

负责会议接待的人员常常是在接待处,也是最先与会议代表见面的人。他们的表现是会议代表对整体活动最重要的第一印象,但在会议接待中会有一些细节问题会被忽略,而会议成功举办,会议代表满意而归,往往与会议接待人员考虑会议细节问题的准备和临时处理有很大的关系,因此要强调会议细节的处理要求,处理好会议接待细节有以下值得注意的问题:

1)不要订购和购买廉价的会徽

戴上就掉的会徽是不值得保留的。完全没有必要花费时间去做给会议代表们更换会徽这种麻烦事儿。无论如何,这只能给会议代表们留下一个廉价拼凑的印象——尤其是那些自己掏腰包来参加价格不菲的会议的代表。

2)要有足够的人手

按标准,一个人应当可以承担40人左右的登记工作。如果人数很多,就需要请人来帮忙了。在登记高峰期可以考虑从会议组委会借调接待员。

3)应当穿舒适的鞋子

应当穿您能找到的最舒适的鞋子,哪怕看着不怎么样。一天的多数时间您都要走来走去,走的路还不少呢。

4) 应当穿"正"鞋子

例如,接待人员恰好负责在全体大会会场走来走去进行拍照任务,而全体会议室的地面恰好铺的是踩上去就嘎吱嘎吱响的木地板,接待员恰好穿着一双进入会场时产生余音的鞋子。如果发言恰好没什么意思,那所有人马上会注意到接待人员鞋子的声音。而若是发言人正讲到激动人心之处,接待人员的行为就会激怒听众。如果工作需要去会场中间找某位代表给他传达一个紧急信息,那一定要确保行动时尽量没有声音。

5) 安排椅子

在接待处合理安置一两把椅子是很有用的,可以使那些到达接待处后很疲劳或是气喘吁吁的代表们稍做调整。

6) 避免高层管理人员到接待处"帮忙"

避免高层管理人员遍布接待处四周(即使是来欢迎会议代表)。因为也许他们将会同远路赶来的久未谋面的同行交流这一年来的经验心得,这将为登记流程造成阻碍,干扰顺利进行的登记流程,使您无法迅速、快捷地办理登记手续。

7) 了解会场的情况

要熟悉各个房间的位置,这样在议程间歇时,如果有代表询问接待人员这样那样的房间位置时,就不会傻眼了。要确使自己知道回到基地的最快路径,这样当代表们需要您陪同前往时,才能迅速地将他们带往目的地。

8) 合理安排会议材料文件的放置,避免杂乱无章

不要把材料堆成一摞或是码得像小山一样,给会议代表感觉会议组织接待混乱,接待人员工作能力差。同时如果会议文件很多,最好分批发给与会代表,防止文件发放遗漏。

9) 留心计算数字

如果代表成员人数与会议登记安排相关,就一定要将人数查清,例如某一专业协会的会议上人数就与会员折扣相关。不要靠会员自己去查清人数。

10）凡事要想在前头

会议代表参加会议,可能有各种问题需要咨询会议接待人员,因此事前需要早做准备,把握好各方面的情况。例如,很有必要问一下将来参加会议的代表,他们在离开的时候是否需要搭乘出租,什么时间需要等。

11）自备工具

尽量带会议可能需要的工具——钉书器、钉书钉、胶带、大头针、图钉、剪子、尺子、橡皮擦、钢笔、铅笔、记事本、打孔器、易纸簿、备用钢笔、计算器、备用电池以及其他日常工作中要用到的东西。有时在会议工作中,也许需要用到所有的东西——常常是立刻找到就能解决问题,而没有必要四处寻找、东拼西凑。

12）展示专业形象

要尽可能使接待处保持整洁、井然有序。合理设计接待处,以使有足够的空间容纳即将到达的代表。接待处混乱拥挤的局面将使代表们产生不良的第一印象,尤其是正当他们因长途旅行而疲惫不堪或是为不熟悉的环境焦虑不安的时候。

13）决定需要多少接待人员

多数代表会在活动开始前的一段较短时间内到达。确定登记高峰,而且要安排足够的人手来应付局面,要在整个登记过程中对接待人员进行详尽的指导训练。这样的话,当有人尚不熟悉您设计的登记系统时,就不必从同事那里寻求帮助了。

14）让会议代表们感觉宾至如归

无论接待工作有多忙,都要友好地接待每一位代表。准备一份您需要提供的或是需要代表提供的主要信息清单。还要预测一些您会被问到的问题。

15）合理安排接待人员

别忘了即使是常参加会议的代表也会感到无所适从,出席者到达后感觉不安或是由于长途跋涉而感觉疲惫。这时一定要有足够多的训练有素的人手来提供建议、帮助搬运行李,以及在会场给代表指路等服务。大型活动可以招聘一组服务生。如果可能,在当地招聘服务生;他们对于会场及其环境会非常熟悉,这对会议代表和会议接待都是很有帮助的。

16)登记处要以方便的形式提供信息

一些信息最好在登记处公布,如最后确定的时间表、标明姓名的会徽等。但是如果代表们到达会场时携带着很多行李,他们可不希望再拿一手零零散散的材料。想清楚您将提供哪些信息与文献,然后以恰当的形式提供给会议代表。您还将提供钢笔、白纸或是免费的礼品吗?在决定接待时分发什么材料时,以上这些都要被考虑到,包括以何种形式提供材料:是用装订好的与会者手册、多层文件夹,还是便携文件袋。对于命名会徽、特殊信息、行李标签、给会议主持的会议简介,以及其他与特定的代表有特殊联系的信息内容,可以考虑放在标注姓名的信封里(需要事先准备好)。

17)明确提供何种信息,何时提供

如果最后登记时会议接待人员要提供修改版的会议与会者手册,在活动当天记得带着与会者手册的人也将寥寥无几。与其提供纸质材料,倒不如通过网站发布早期信息,鼓励人们自己预先熟悉活动内容。

18)不要断定会议代表会按照会议主办者的要求把东西都带齐

这将涉及确定合适的时间来分发事先起草好的会议与会者手册、地图,以及其他文字材料。一些代表会收不到这些材料——他们可能正在休假,也许直接来参加会议了。有些人还会把材料弄丢了。所以任何已经分发的材料都要准备相当数量的备用拷贝。但是不要把拷贝放在接待处,否则大家会以为每个人都需要再拿一份拷贝。

19)计划如何将会议接待过程中借用的东西要回来

事先打印好提醒代表们在会议结束后将原物归还的标签,贴在所有物品上。而且会场遗留的所有文件与资料都需要运回来。

20)关心员工并要使他们知道如何照顾自己

会务接待组将在活动现场工作很长一段时间。例如在在膳宿活动中,他们会承担值班任务等工作,事先要让他们明确工作时间。提醒接待人员照顾好自己,安排好休息与饮食时间。对于大型会议这样的长时间活动,应当考虑为接待人员提供一间公共休息室,并要准备饮料和快餐。如果接待人员需要在室外

工作,建议他们根据季节、当地天气准备好防晒霜、帽子等工具。

21)计划安排一次假期

如果可能,在会议结束后安排一周的休假——不然接待人员会累扁的。这样再次面对压力时,才会有更多的精力与毅力去应付。

本章小结

在会议运营管理中,会议接待工作是保证会议成功的关键因素之一。本章从会议接待工作的具体要素和接待人员的要求入手,分析会议接待中涉及的各方面问题,给予学习者全方位的介绍。会议接待工作是一项"细节性"工作,需要会议的接待组织和接待人员认真对待、全面考虑,确实执行、灵活把握,为会议提供最有力保证,给予会议代表最好的接待服务。

复习思考题

1.对会议接待要求进行分析,阐述会议接待工作所涉及的内容有哪些?

2.如果你是会议接待组织管理人员,在会议注册工作中你会考虑哪些因素,如何安排组织?

3.在会议接待工作中,对于会议接待人员仪表和举止各有哪些要求?

4.假设你负责本地某家会议服务公司,请根据会议接待案例的分析,并结合当地实际,向会议目标客户提供一个完整会议接待解决方案。

实 训

实训1 会议接待计划

在上一章案例分析 2 中提到 2004 职业教育国际研讨会的策划与准备,请结合所给出的会议框架、会议通知等内容,给出一份会议活动初步接待计划。

制订会议接待计划提示:本次会议由于是国际性会议,参加人数多,在拟订接待计划时,主要考虑根据会议本身涉及的会议组织领导、分工情况和工作任务(如会务、接待、车辆、保卫等),分项列出接待内容和人员安排,体现出"责任到人"的接待原则。

实训2 会议报到工作

假如你是一名会议报到工作的管理者,将负责一个在酒店召开的专业学术会议的报到安排工作,你会从哪些方面考虑会议的注册工作?

会议报到工作提示:在酒店召开会议是现代会议的特点之一,报到注册工作往往也在酒店大堂完成,而酒店也针对会议在酒店大堂报到注册安排会议注册位置、注册桌椅等,因此在进行报到注册工作之前,要事先与酒店联系,进行协调。在注册工作开始前,应从以下方面考虑:①注册地点是否醒目合适,符合会议注册工作的需要;②会议注册登记表格、房间分配表等会议注册文件是否准备齐全、所需要的办公文具等是否齐全;③会议资料是否准备齐全、分装整理好并且有备用;④证件、票证是否准备妥当;⑤根据房间分配表安排的房卡是否准备齐全有序,并与证件等对应,以便发放;⑥如需要收取费用的情况,是否安排妥当;⑦报到注册人员是否熟悉注册程序、人员如何安排、分配、时间要求等。作为学术会议可能涉及嘉宾报到注册和代表提交参会论文的情况,应提前了解、早做准备。

案 例

海南省××××会议有限公司会议接待书

收件:_____ 发件:海南省××××会议有限公司

电话:_____ 电话:0898-×××××××××××

传真:_____ 传真:0898-×××××××

主题:会议接待方案

×先生/女士:您好!

请首先接受来自海南岛的热情问候! 真诚祝愿您身体健康! 万事如意!

海南省××××会议有限公司是一家经海南省工商局批准成立的会议管理服务公司,其服务宗旨是"宾客至上,信誉第一",为客户搭建良好的相互沟通、互动合作双赢的桥梁。公司拥有一批经营旅游业务多年、经验丰富的中外管理人员以及训练有素的旅游接待、导游人员;拥有自己的旅游巴士;并且与国内外众多酒店及旅行社有良好的合作关系。公司实行董事会领导下统一管理(即统一办工、统一计调、统一财务、统一宣传促销)和分级管理相结合的模式。公司既有现代企业管理的规范化,又有企业经营的灵活性,是一家充满生机和活力的旅游企业。公司提供各类行业会议、新产品展销会、订货会、年会及培训班会议专业策划、优质接待服务;提供会议配套的商务服务及公关礼仪、翻译、通讯及秘书服务;提供商务客人、自驾车、自由人吃、住、行、游、购、娱等一条龙优惠套餐套票业务服务;供机、车、船票等委托代办服务。

海南省××××会议有限公司从业人员均为高素质、经验丰富的历来承办各种会议的工作人员及旅游接待的专业人员;与政府机构、新闻媒体、酒店、车队及各种商旅、会议服务商有着良好的长期合作关系,可以提供高素质、高水平、高效率合作服务。

"以质量赢得市场、以服务取得信誉",我们将以良好的素质、周到的服务、专业的会议策划及高质量的接待、合理的价格,为广大客户提供优质的服务!

专业、诚信、踏实、有效!

历史久远、做专做大、优质全面、旅游顾问、会议专家、商旅助理、亲密朋友!

会议名称:＿＿＿＿＿＿＿＿＿＿

会议地点:海口/博鳌/三亚?

会议内容:＿＿＿＿＿＿＿＿＿＿

会议人数:约＿＿＿＿＿人

会议酒店:3 星/4 星/5 星?

服务类型:综合服务

◇日程安排(一)　海口开会行程

第一天:＿月＿日(星期＿)　会议接站。住海口;按要求、分时段派专人及车辆到机场接站。入住酒店,会议秘书助会务组办理报到、房、餐、协调会场布置等会议事宜。

第二天:＿月＿日(星期＿)　代表开会。住海口;全体代表全天开会。

第三天:＿月＿日(星期＿)　代表考察。住兴隆;考察博鳌论坛会址、东南亚风情村、兴隆热带植物园。

第四天:＿月＿日(星期＿)　代表考察。住三亚;考察黎苗村寨、亚龙湾海滩、珍珠文化馆、茶艺表演。

第五天:＿月＿日(星期＿)　代表考察。住海口;考察南山,天涯海角,水晶博览,日月湾,中国城土特产。

第六天:__月__日(星期__) 早餐后代表返程,结束愉快的会议之旅,返回温馨的家。

◇日程安排(二)　博鳌开会行程

第一天:__月__日(星期__)　海口接站。住博鳌;按要求、分时段派专人及车辆到机场接站。入住酒店。会议秘书协助会务组办理报到、房、餐、协调会场布置等会议事宜。

第二天:__月__日(星期__)　代表开会。住博鳌;全体代表全天开会。

第三天:__月__日(星期__)　代表考察。住兴隆;考察博鳌水城、植物园。

第四天:__月__日(星期__)　代表考察。住三亚;考察鹿回头、大东海、天涯海角、南山、水晶馆、茶艺馆。

第五天:__月__日(星期__)　代表考察。住海口;考察亚龙湾、东山岭。

第六天:__月__日(星期__)　早餐后代表返程,结束愉快的会议之旅。

◇日程安排(三)　三亚开会行程

第一天:__月__日(星期__)　会议接站。住三亚;按要求、分时段派专人及车辆到三亚凤凰机场接站。住酒店。会议秘书协助会务组办理报到、房、餐、协调会场布置等会议事宜。

第二天:__月__日(星期__)　代表开会。住三亚;全体代表全天开会。

第三天:__月__日(星期__)　代表三亚一日游。住三亚;参观景点:鹿回头、大东海、天涯海角、南山、水晶馆、茶艺馆。

第四天:__月__日(星期__)　早餐后代表返程,结束愉快的会议之旅。

◇费用报价明细

A. 房餐费

标准房	__元/间·天(含双中西早)
政府税金	__元/间·天
豪华房	__ 元/间·天(含双中西早)
政府税金	__ 元/间·天
加床	__ 元/晚/人 + 政府税金 11 元/晚/人
会议正餐	__ 元/人·餐(菜单另附)
宴会	__ 元/人起(菜单另附)
酒水	__另计
茶歇	茶歇__ 元/人次(3 种水果 3 种点心)

B. 接送费

机场—酒店:面包车__元/趟、中巴车__元/趟、33 座大巴车__元/趟。

异地接送和 VIP 客人的接送价格另计,可提供高档商务用车。

C. 会议室及会务服务

会议室:大会议室＿元/天/间、中会议室＿元/天/间、小会议室＿元/天/间。

1. 会议室租金含讲台、白板、纸笔、免费茶水、指示。

2. 横幅:＿元(酒店大门口欢迎横幅和会议室横幅)。

3. 免费提供步话机,保持最佳沟通状态,实现"无缝隙服务"。

4. 胸卡:＿元/个或客户自行设计制作。

5. 集体合影照:10 寸×6 寸,＿元/张,要求按全体参会代表人数制作。

摄影服务费:＿元(含会议期间摄像工作人员的所有吃住行费用及 2 张 VCD 母碟)。

6. 会议期间,我司将派出 2 名工作人员、会议秘书服务进行全程跟踪服务,工作人员作为贵司会小组成员,参与接待工作的全过程,并服从会务小组的工作安排。

7. 提供会议接机用车头牌等。

8. 按要求提供拓展活动服务(费用另收)。

9. 在酒店各明显位置设置指示牌,在大门口和餐厅门口设置欢迎牌。

D. 三亚一日游:＿元/人

E. 其他

专题晚会:＿元/场

房间如配备水果:＿元/人起(入住当晚摆放房间)

礼品:＿元/人起

F. 其他开支:按实际消费结算

◇友情提示

＊入住酒店时请细心查对房间所配备的物品是否齐全,检查是否配备付费用品,检查门窗是否可以关牢固,如有任何不明了之处,请及时与酒店服务员取得联系。出门、开会、休息和睡觉时候请锁好门窗,请自行或请总服务台保管好自己的现金和贵重物品。

＊酒店备有众多的康乐活动,收费标准请看附表。

＊酒店周边有一些较有特色的海边小餐馆,但环境稍差,代表如需外出品尝,应注意卫生及安全。

＊酒店拥有私家海滩,代表在休息时候需要往海边活动或游泳时需三五成群,不能单独行动,下海之前需要做热身活动,夜黑、风高、夜深时候禁止代表下

海或到海边活动。

*酒店备有众多的收费与免费的康乐活动,请各代表根据自己意愿爱好选择参加。

*除会议费用之外,代表在酒店的一切杂费和私人开支一律由代表自理。

*海南岛是热带地区,温度较大陆地区高,请代表注意多饮水。

*海南岛是热带地区,气候温暖湿润,代表如有不适应,请自行配备好服饰及应急药品。

*海南热带水果众多,多吃容易使人上火,或肠胃不适应,请有选择地食用水果。

*活动中有考察海岛日程,可以参观各种海上娱乐活动,阳光较强,请代表自行备好帽子或遮阳伞、备好泳装、防晒护肤用品。海边游览及海上活动时请各位代表注意安全。

*海上娱乐活动内容、价格不一,请代表根据自己情况自行选择参与。

以上是我公司推荐的海南会议旅游方案(仅供参考),您有具体事宜及建议请随时与我们联系。非常感谢您的关注!更诚挚期待有机会与您合作,并预祝会议成功!

联系电话:0898-××××××　×××××××　×××××××

传真:0898-×××××××

E-MAIL:××××@sina.com.cn　　Msn:××××@hotmail.com

案例分析:

1.本方案是专业会议公司向会议客户推荐专业会议旅游接待方案,这是会议市场上常见的会议商业文案,从会议接待全程给予会议客户一个解决方案,帮助会议客户解决会议安排接待的问题,提供会议保障。

2.会议接待方案同时也可以根据会议客户的需求量身定制会议接待方案,使其更能满足会议客户的个性化要求。

3.在会议接待方案中,对相关情况做友情提示,便于会议客户做好会议准备,同时有利于赢得会议客户良好印象,体现会议专业公司周到的服务。

第4章
会议现场管理

【本章导读】

本章主要介绍在会议运营管理中,会议现场管理对于会议主持人的要求,会议主持工作要求、会间服务工作内容和要求、会议发言与讨论等工作,使学习者全面把握会议现场管理工作中涉及的会议现场管理知识和技能。

【关键词汇】

会议主持人　主持工作　会间服务　会议发言与讨论

4.1 会议主持人

4.1.1 主持人人选

会议主持人是会议进行中的一个核心角色,他应该能够有效地控制会议的节进度和会场上的气氛,并得到大多数与会者的认可。一个合适的优秀的会议主持人可以挽救一场濒临崩溃的会议,同样,一个错位的会议主持人则可能会断送一场原本可以取得成功的会议。所以,在选择会议主持人时必须相当谨慎小心。在选择会议主持人选时,有以下几种方法:

1) 与议题有紧密关系的人

让与议题关系最紧密的人担任会议主持人大多是在展示会议或介绍情况的会议上。由于这种会议中一般是以个人为中心,由他们向大多数人传递信息,所以由他们提任会议主持人可以最佳地准确掌握好会议的节奏和步骤,以便更好地进行交流。这样的人可能是相关部门的经理,也可能是这个项目的负责人。

2) 控制能力较强的人

如果会议可能会出现很多复杂的情况,甚至可能出现混乱的场面,如股东大会,或是内部审核的评议会等,这种会议可能危机四伏、困难重重,是对会议主持人控制能力的有力挑战。所以此时需要一位对现场控制能力较强、可以在现场当众协调各方利益关系的人,至少可以让会议继续下去,不致半途而废。当然,如果会议各方的矛盾不可调和,那么会议失败的结局不是一个能言善辩的主持人个人可以改变的。

3) 与会者中领导地位最高的人

如果会议中可能出现很多不同的意见,而在做出决议时整合意见又比较困难,会议上就十分需要一个权威的声音,那么此时会议主持人由参与会议的最高领导来担任这一职务是再合适不过了。最高领导担任会议主持人的优势是显而易见的,由于职务显赫的缘故,所以较之其他与会者考虑问题更具有全局性和权威性,在整合大家意见时尤其可以体现这点。但由于最高领导一般事务繁忙,不一定有时间或有精力来胜任会议主持人的工作,所以会议组织者如果选择最高领导为会议主持人,一定要注意与领导多加沟通,协调此事。

4)会议组织者

会议组织者成为会议主持人的优点是相当明显的,因为会议的议题、议程、时间、地点等各种因素都是由会议组织者所确定的,所以会议组织者成为会议主持人可以在会议的开始前后均对会议有着很好的控制。但是会议组织者成为会议主持人不但受到自身能力的限制,而且也许还会成为其他人指责会议组织者操纵会议的借口。一般来说,如果此次会议不太可能出现严重的意见分歧,或会议组织者的立场比较超然,加之会议组织者自身的能力可以胜任,那么会议主持人就不妨由会议组织者来担任。由于会议主持人的确定是会议组织者的责任,所以会议组织者可以根据具体的情况自行斟酌,做出恰当的抉择。

5)被公认的人

如果会议中已经出现了明显的几方势力,那么会议本身的目的往往就变成了这几方势力相互利益的场所。那么会议的主持人就应当是一位各方面都可以接受的人选,他可能是一位中立人物,或是一位获得各方共同认可的无异议公众人物。这样,在主持会议中,各方才可能在会议上听从此人的统一安排和意见,并可能接受其主持协调的结果。

会议的主持人在会议中是举足轻重的重要人物,一旦确定以后,需要建立权威性和唯一性,任何在会议上向主持人挑战的行为都应当被严格禁止和受到严厉惩罚。

4.1.2　主持人的职责

会议主持人是作为会议主体的代表对会议活动的整个过程担任主要指导责任,进行全面组织和对会议进程实施有效控制的人。会议主持人的职责,就是根据会议的性质、目的和要求,按会议议程规定的内容,承担起组织与会人员、完成会议规定的任务,实现会议目标的责任。一般而言,在会议活动中,会议主持人的职责主要有以下各项:

1）确保会议顺利进行

会议议程应让与会者对要讨论的事项有心理准备,也方便在每次讨论告一个段落时,检查有无该讨论而没有讨论的地方。另一方面,让与会者对会议流程有一个清楚的认识,极大地避免讨论离题,倘若议程表来不及在会前发给与会者,也应在会场利用视听设备(如投影机)公开展示。若与会者对议程有疑问,应在讨论开始前就排除,从而使会议能真正照议程正常进行。

2）确保与会者良好沟通

会议主持人如同导演,与会者如同演员,演员的行动要听从导演的指挥,为了使演员能与导演协调配合,开一场圆满成功的会议,会议主持人必须处理好与会者的关系。会议主持人的插话、引导做到有礼有节,不要把自己的意志强加于人,也不过早地表明自己的观点,以免先声夺人,给与会者造成"定调子"的感觉。会议主持人对要讨论的问题有所准备,以便能够更好地诱发与会者发表意见,多倾听与会者的看法,充分发挥与会者的聪明才干,力争做到集思广益,从而更为全面、客观地看待问题;其次,要适时地终止辩论,有时辩论已经达成了某种妥协,但主持人却没有发现,结果是"夜长梦多",节外生枝。及时终止辩论的情况有多种方式,如基本一致就及时终止,求同存异而及时终止等。

3）倾听少数人的意见

为了开好一个高效率的会,会议主持人要善于倾听少数人的意见。因为,有时少数人的意见会在日后被证明是对的。会议主持人要使与会者懂得,即使不同意他人的意见,也要尊重他人的发言。会议主持人的工作就是要在当少数人的积极发言受到压制时,尽可能让他们多发言。尽管他们的声音微弱,观点有可能被一面倒的会中意见所淹没,但少数人所提出的见解,对提高决议质量有时很有帮助。

4）营造会场和谐气氛

当过分严肃和紧张的气氛弥漫在会议中时,与会者就很难畅所欲言,会议主持人要鼓励与会者发言。会议主持人除了应尽可能启发与会者发言外,更重要的是要营造和谐的气氛。当与会者的发言带有批评口气时,会议主持人要避免露出不悦或接话反击,否则就很难让会议有和谐的气氛。

会议中,发言者情绪化地要他人承认其想法是错误的,也是有失会议礼节的,这样就会产生不必要的争端。当这种情况发生时,会议主持人要立即打断其发言,说明其争辩的内容与会议议题无关。但如果争辩内容没有离题,就可以鼓励继续辩论下去,但会议主持人应调和双方的情绪,引导双方按议题的思路辩论下去,以避免发生过激言论及行为。

5) 总结

在会议进行时,会议主持人有必要在每次讨论告一个段落时,将结果进行一次总结。总结要系统地陈述讨论过的内容及达成的共识,如有疑义应立即修正并提出执行意见,总结完毕之后,会议主持人再宣布开始下一阶段的讨论。总结的目的也是使会议能按照既定的议题进行,同时避免忽略任何有建设性的意见。

在完成会议的各项任务和程序后,主持人就要对会议的全过程做简要回顾,对会议的执行情况和会议所取得的成果进行全面、客观的总结,不能确定的或未解决的问题,则要解释说明。总结要全面、扼要、准确。

4.1.3　主持人的素质、修养规范

会议是开展工作和互通信息的手段之一。会议能否成功,与会议主持人的素质和修养关系甚大。为了使会议能够成功举行,会议主持人应具备一定的素质和修养,具体体现在以下几个方面:

1) 具备解决问题的能力

具体应当做到五个“W”和一个“H”,即 What(什么事),Why(为什么干这件事),Where(哪个单位或什么地方执行),Who(由谁来执行),When(什么时间执行,什么时间完成),How(如何执行)。这些都是解决会议问题所必须遵循的原则,每位会议主持者都必须要有这种素质。

2) 声音洪亮,举止适当

会议主持者洪亮的声音,会立即反映出特有的朝气、信心和魄力,会产生一种无形的感染力。还应当注意细节,举止要适当,比如,不必过分地指手画脚,不应咬着烟斗讲话;动作也要注意,如避免不时地推眼镜,把眼镜拿下来擦一擦,玩一玩手上的笔,搔搔头,抖抖腿,等等。这些细小的事情都很容易分散与会者的精力,影响会议主持者的威信。

3）注重发挥各个人的个性

会议主持人最容易犯的毛病，就是在会议上强求别人接受自己的意见，总是不切实际地希望与会者与自己有着同样的个性、看法和想法。这在客观上是根本办不到的。会议主持人不仅应当承认还必须尊重每一位与会者的个性，善于设法利用他人的个性去争取工作的成功。

4）不炫耀自己的业绩

会议主持者在会上吹嘘自己的业绩，想以此抬高自己的威望，其结果必然适得其反。一般情况下，与会者对他所崇敬的人的心理状态是，希望从他的谈吐中，得到如何把工作搞好的启发，而不是想听他过去的"丰功伟绩"。这点对于喜欢"夸夸其谈"的会议主持人来讲尤应引起重视。

5）能够有效地进行合理的批评

既然会议是由一个群体进行讨论的，难免会发生某些冲突，有时甚至会出现人身攻击的情况。在这种情况下，会议主持人往往不得不对某个人或某些人进行批评。但是批评时应当竭力避免同他们发生冲突，否则会议必将陷入僵局。在批评之前，主持者最好先对他们做一番鼓励和夸奖，使他们成为你的朋友，然后再良言苦口，善进忠言，并且应当在批评中带有建设性，使被批评者真正明白其道理，并最终接受。

4.2 会议主持工作

4.2.1 主持人开场白

一个好的开场白，往往不仅有画龙点睛的作用，也能帮助准备不周的会议步入轨道。这不只能帮助讨论开始，也可成为会议成功的垫脚石。开场白是一段系统、简洁、审慎及有明确宗旨的 3 ~ 5 分钟的讲话。其内容应包括开会目的、已知的重要资讯及其议事方式等。就开场白的作用来说，会议主持人必须在会议开始时以下面 3 个问题为目标。

1）目标和成果

在每次会议开始时,总是要以前面所阐述的会议目的为基础强调为什么要召开这次会议,这样可以达到两种效果:

①使与会者精力集中。如果没有一个清晰的目标说明,与会者就不可能集中精力,而且很可能会浪费宝贵的时间。为了激励与会者,一定要根据他们的利益和兴趣来设定会议的目标。

②使会议进展状况明晰。清晰的目标或成果陈述使会议主持人能够评估与会人员的进展情况。如果没有预期的成果,会议主持人就无法正确判断会议是否正在朝向目标迈进。

2）议程

确保每个人都理解并同意此会议议程以及决策方法。这种审议能够保证每个人都理解议题并显示出议题及程序方面是否存在重大的不一致。会议主持人将会发现如果在事先阐述这些问题,而不是在争执进行得非常激烈时才说,会议的效果会大大改善。另外,如果是简要地提及一下讨论的范围或限制,可能也有作用。通过讨论上述各点能很快显示出会议组织者的议程安排是否恰当,或者在继续开会之前,是否需要对会议议程尽快地予以改变。

3）迟到者

迟到者在今天这样的商业环境中是非常普遍的。专家们的时间里排满了越来越多的邀请,而且迟到是由不断增加的电话和文件所造成的。当一个会议参加者迟到时,会议主持人应该考虑下列相关因素:

①考虑文化。企业中的会议通常都是怎样进行的? 会议是倾向于立即召开还是要拖延 5 到 10 分钟才开始? 要改变文化准则基本上是很难的。

②考虑发出的提示。决定按时开会可能暗示与会者:今天的会议很重要或是会议主持人要充分尊重每个人的时间,绝不会浪费 10 分钟来等待迟到者。另一方面,等待每个人的到会暗示会议组织人员重视每个人的意见而且不希望在相关方缺席的情况下召开会议。因此作为一名会议主持人也是会议的协调人,必须决定更看中哪一个:效率还是包容性。

③把迟到者减到最少。会议组织的相关工作人员在会议当天早上给与会者打电话并礼貌地确认会议的时间和地点,尤其是如果这个人有迟到的历史。会议组织的相关工作人员也可以试图在会议开始之前给大家提供餐饮,而当会

议开始时停止点心供应,这样如果与会者也想吃点心的话,他就必须按时到会。

④对迟到者进行合理的处理。尽管尽可能减少迟到者的方法可能有效果,当然不是百分之百有作用,某人迟到时会议主持人该怎么做,以下几种方法可供参考:第一,什么也不说。第二,热情地欢迎他的到来并拉开一张椅子请他坐下。第三,用微妙的评语礼貌地将此人孤立,比如说"啊,刘总到了。现在我们到齐了"。第四,通过中止会议并说其他的话更强硬地将此人孤立,比如说:"刘总,谢谢你的到来。我希望你能和你的同事商讨一下并把刚才我们所讨论的信息搜集上来。"记住一点,将一个人孤立是一种当众惩罚办法。如果你希望营造一种肯定的、热情的以及欢迎的氛围,那么孤立迟到者对会议主持人就不是很有益。

⑤会后与此人谈话,以此鼓励他在日后的会议中能按时到达。单独与此人谈话可能是一种非常积极的处理此问题的方法,尤其是希望在与会者中建立起一种更广泛的参与度的情况下。

4.2.2 会议主持的方法

会议主持的方法是指会议主持人在主持会议的过程当中,为使会议尽快地达到预期的目的,更迅速地取得成果而使用的一些特定的技巧,其中包括如何优化会议时间和会议议题的技巧;如何合理控制会议节奏的技巧;如何使与会者充分发表意见的技巧;如何激发与会者创造性思维的技巧;如何改变会议沉默现象的技巧;如何向与会者提问的技巧等。会议技巧是专门为会议活动而设计并专门用于会议活动的技能,是管理科学、行为科学和领导艺术在会议活动中的具体运用,它的全部意义和价值,就是通过会议主持人对会议过程的有效控制,使会议的形式、过程与会议目标之间形成一种最佳的时空组合,使会议在规定的有限的时间内取得最有成效的成果。因此,主持会议也是一门艺术。会议主持的方法有以下几种。

(1)"头脑风暴"法

"头脑风暴"法简称 BS 法(Brains sudden),是一种会议主持形式。BS 法原来的意思是指精神病患者,精神错乱时的胡言乱语,这里转用它的意思是无拘无束、自由奔放地思考问题,会议在非常融洽和轻松的气氛下进行,在搞改进方案方面不受任务条条框框限制,主持者一般不发言,或是很少发言,以免影响会议的自由空气。国外经验证明:采用 BS 法提出方案的数量要比同样的人单独提方案多70%。"头脑风暴"法会议有4条原则:不互相批判,无人身攻击;自由发言;欢迎提出大量的可行性方案;每个人在提出自己的方案时都要善于结合别人的意见。从上述 4 条原则中可以看出,其主要特点是互相启发。

"头脑风暴"法最具有特色的地方就在于让与会者无任何顾忌地自由发表自己的理论观点。首先将会议议题告知与会者,然后让大家自由地陈述,不要审视自己的观点,也不要顾虑重重。这样可以使与会者的潜在创意得到合理有效地充分地释放。当与会者提出自己的观点时,其他与会者不要审查他的观点,更不要打断或提出任何对立或是反对的观点,可以在别人已经提出的观点上,汲取灵感,提出自己更有创意的见解。

(2)"名义小组"法

名义小组法的好处是要求每个人都有机会陈述自己的观点,实际上就是变相地逼迫每个与会者都把自己的观点贡献出来。其突出特点是:背靠背,独立思考。

名义小组法的主要步骤是罗列想法,即将与会者关于议题的想法全部穷尽。程序为:每次循环,每位与会者都要根据议题独立地将自己的想法提出,一次只能提出一个观点,依次提出,直到每个人都提出了自己的观点;由会议主持人将这些观点罗列出来,然后继续刚才的循环,直到与会者穷尽自己所有的想法为止。

将所有的观点都罗列出来之后,就需要对这些观点进行筛选。当所有的与会者都提出了自己的观点之后,需要给与会者再一次独立思考的机会,主要是对会议中提出的所有观点都分别进行思考。然后让每个与会者再将思路拉回至开头,各自从所有的观点中挑出 5 个或 10 个最好的观点,并将其按优先次序进行排列,并将这些经大家选出来的观点全部罗列出来。

将所有的观点进行筛选,并罗列出来之后,就要根据大家选择的分布集中程序而确定最后的观点。如果其中有两三个观点的意见集中度相差不多,那么可以就这几个观点进行讨论。利用名义小组法可以令与会者有更充裕的时间进一步发表自己的观点。"名义小组"法与"头脑风暴"法的最重要的区别就是在会议这个过程中,除非是请求解释观点或是就某个想法提简短的问题,使观点更显得清楚,否则,与会者不可以和其他人交谈和交流观点。"名义小组"与"头脑风暴"法的相同之处在于,与会者都绝对不允许对其他人提出的观点加以反驳,只能尽可能多地罗列观点。

(3)反向讨论法

反向讨论法是发动与会人员以逆向思维的方式,取得对特定讨论对象的进一步完善的会议讨论方法。使用此种方法,会议主持人要做以下工作:会议开始时,会议主持人对此次会议的背景、目的及希望取得的成果等清楚地向与会人员做出详细说明,并就解决某个问题较完整地谈出自己的想法或拿出一个已基本成形的方案(也可以是该组织就某个问题所做出的决定等)。之后,要求与会人员对主持人的意见和方案充分发表意见,"横挑鼻子竖挑眼",以分析和指出原方案的不足之处为主,对方案赞同的意见则可以不谈,或是少谈。由于反向讨论法表现的是与会人员对会议主持人提出的意见和方案的逆向思维,是以提不同意见为主,所以,该方法的使用需要具备必要的条件,在组织内部要有良好的群体关系(特别是领导和下属的关系),否则此反向讨论法难以使用和被人接受。

(4)会前预约法

会前预约法的使用规则是:在会议召开之前,会议主持人把会议的内容及本人的意图向预定参加会议的有关人员做个别介绍,请有关人员就有关问题提前准备,并在会上做重点发言。由于会前通过预约有人提前做出准备,所以,这样的发言对其他与会人的思考和发言可以起到很好的引导作用。在使用此方法的过程中,会议主持人要注意以下两点:第一,要重视预约发言对会议讨论的引导作用,对即席发言中有价值的内容要及时给以敏锐的捕捉和高度的重视。第二,要根据会议进行的情况,灵活调整原有的安排,以最大限度地集中群体的智慧,使会议收到预期的效果。

(5)各抒己见法

使用各抒己见法主持召开的会议,一般不安排具有较高职位或德高望重的人参加会议。会议开始时,会议主持人根据本次会议的主题提出一个没有严格限制的议题。然后,与会人员则可各抒己见,自由发言。发言既可以是直接针对会议议题,也可以是针对某一个人的发言;既可以同意某人的发言,也可以就某人的意见提出相反的观点。会议主持人的责任只是使与会人员充分地、自由地发表意见,对各种意见只是听取,不做结论。各抒己见法强调自由发言,创造宽松的会议气氛,使与会人员在没有任何约束的情况下发表意见。各抒己见法适用于一些学术性、征询性和论证性会议。

(6)列宁开会法

列宁开会法是指列宁在主持人民委员会会议时所使用的方法。列宁开会法包括以下7个方面的内容:

①只请与讨论问题有关的人员出席会议。

②在向会议提交议题时,必须同时附带有以下材料:对议题的简要说明;拟订好的人民委员会决议的草案;与议题相关的部门的反映和提出的反对意见。

③禁止迟到。无故迟到半小时罚款 5 卢布;半小时以上罚款 10 卢布,任何人不得例外。

④在会议进行过程中,与会人员有事只许递纸条,禁止私语。

⑤报告人做报告的时间限制为 10 分钟。

⑥发言人的发言时间第一次是 5 分钟,第二次是 3 分钟。发言不得多于两次。

⑦对议题赞成或反对的每次表决,只占 1 分钟。

列宁在主持会议时,一律严格按照以上方法进行,使会议表现出了很快的节奏和很高的效率。每次开会,如遇报告人或发言人请求有所例外将时间有所变动时,列宁总是摇摇头,对他们说:"这不符合我们的会议规则,是违反纪律的,绝对不能给予考虑。"

(7)"德菲尔"法

"德菲尔"法最初是一种预测方法,又称专家预测法,是利用专家对调查进行评估后得出结论的方法。"德菲尔"法的主要特点是匿名性,也就是相关的与会者不能相互直接沟通,甚至可能是从未谋面的人。相关的与会者并不是完全依靠个人意见的发挥来进行判断,而是通过会议组织者对大量反馈信息的沟通,使与会者的意见得到充分交流和相互影响。使用"德菲尔"法首先要设计与主题相关的问卷,然后将问卷发给与这一主题或问题相关的与会者,由其独立、不记名地作答。

①第一轮调查:将调查问卷回收,并开始初步的处理,将其中相同的意见分别集中起来,排除个别和极特别的意见,将这些意见汇总,得出第二轮调查表。

②第二轮调查:把第一轮调查汇总的调查表再寄给每一位相关人员,并向他们提供参考资料,要求与会者根据新的调查表和新的信息再次做出新的判断,提出更加明确的意见。

③第三轮调查:依照第二步的方法,将第二轮调查的意见进行整理,汇总成新的调查表,再反馈给每位相关的与会者,进行第三轮调查。

④第四轮调查:在前三轮调查的基础上,每位相关人员对各种意见做最后的评价,并提出自己最后的意见及依据,进行第四轮的调查。会议主持人根据第四轮回收的调查表中的材料进行分析整理,若此时取得的意见比较一致,就可以结束调查;若意见仍不集中,则再继续进行调查,如此反复多次,直到取得满意的一致意见为止。

"德菲尔"法要求会议组织者积极地收集、统计、分析和处理全体与会成员的意见,并通过多轮次的循环,最终获得一个较为一致的结论。在使用"德菲尔"法主持会议时,要注意两点:

①会议主持人要对每次收回的调查表再次进行统计分析,而且要征求与会人员的意见,并得到与会人员的同意,任何时候都要切忌显露出自己的倾向。

②调查表中的问题数量不宜太多,一般情况下以在两个小时内能完成为宜。

（8）无主持人法

无主持人开会法是指不专门设立会议主持人的会议召开方法。其会议进行过程如:会议组织者在会议召开之前即将有关本次会议的目的、议题、有关文件的讨论稿和辅助性材料分发给即将与会的人员,并附带提出有关的要求,使与会者对会议的内容有充分的了解,并有充分的时间准备。会议召开时,会议组织者并不派出具有特定身份的人员做会议主持人,而只派少量的工作人员做些具体的工作。在会议进行过程中,与会人员或按照既定的次序、或按照座位的顺序、或按照自愿的原则进行发言,就实质性问题发表和交换意见。会议工作人员在这时只做记录或服务,不言其他。由于没有会议主持人,这样便可以消除与会者可能存在或多或少的恐慌、顾虑、拘谨和其他类型的心理障碍,可以使与会人员的精神极度放松,使每个人的意见的表达和交换能够变得更加充分和彻底。

（9）日式开会法

日式开会法是指日本效率协会对各界成功的会议进行广泛的调查和归纳后所提出的会议方法。日本效率协会经过调查和归纳后指出:作为一个会议主持人,要想成功地主持一个会议,必须注意并遵守以下10点:

①会前要使自己和每一个与会人对会议的目的及讨论方式做到心中有数;

②不可随意无目的地开会,即使会议是有目的的,在会议过程中,也不要开得漫不经心,只要决定召开会议,就应该高度引起重视;

③控制参加会议的人数,与会议无关者一律不要参加;

④严格控制时间进程,一般情况下,一次会议不超过两个小时为宜;主持人有维持讨论秩序和做出明确决定的责任;

⑤在会议进行过程当中,要绝对避免插入与会议无关的议题;

⑥要尽可能把会开得生动活泼,会场氛围达到轻松状态;

⑦主持人每隔3~5分钟对发言做一次小结;

⑧发言要简明扼要,每次不超过一分钟为宜;一次谈一件事,做到从容有序;

⑨会议结束时,主持人要与全体与会者确认会议的最终结论;

⑩必要时,主持人应在会后写出简明的会议报告发给每一位与会者。

4.2.3 对会议主持人的要求

会议主持人要学会主持会议的科学方法和应变技巧。会议主持人成功主持会议,对于开好会议具有举足轻重的作用。因此,讲究和具备主持会议的技巧,十分重要。一般来说,会议主持人主持经验越丰富,工作越有才干,教育水平越高,主持会议的技巧就会愈精湛。此外,主持人成功主持会议的技巧还有如下要求:

1)饱满的激情

一个会议主持人的主持"形象"与整个会议都有很重要的关系。如果他面容憔悴,衣衫不整,显得疲惫不堪,说话有气无力,甚至连离他最近的人都需仔细倾听,这样的表现很容易打击与会人员的士气。尽管大家都是士气高昂、精神抖擞地走向会场,一旦看到会议主持人萎靡不振的情绪,他们的热情也会被挫伤的。所以,有经验的会议主持人总是在开会之前有充足的休息,以保证第二天自己能以饱满的热情出现在会场上。

2)独创新意,形成自己的风格

如若一次会议像影印机复印出来的一样,丝毫没有加入新颖、生动的内容,参加会议的人对这样的会议,往往会采取沉默不语的与会态度,坐等会议结束是他们必然的选择。如若会议主持人能够对会议进行精心的设计,虽然与会者很可能对会议的某个环节看不惯,但是,往往这种打破常规的做法,用新颖的形式抓住每一位与会者的心,能够使与会者以极度的热情投入到会议之中。那些呆板老套的形式早就应该淘汰了,每一次会议都能开出新意来,而且要富有成效。

幽默风趣的主持风格会使会议在比较轻松、活泼的氛围中进行。与会者一般认为自然而然的幽默不会破坏会议的主要目的,它会发挥促进作用。因此,主持人要善于培养幽默风趣的品质和性格,只需几句妙语就可以使郁闷的人们眉头舒展,笑声不断。有时,主持人的微笑也同样可以产生调节会场氛围,缓解矛盾的作用。笑容能给怯于发言的人以鼓励,也能使心焦气躁的人冷静下来。并且主持人除了要学会幽默、风趣、热情外,还要让脸上时常充满笑容。这也是形成独特风格所不可或缺的。

3)激发与会者的思维活力

我们清楚地明白,前来与会的人员都是在某些方面有专长的人才,有能力或有特殊的贡献。他们的头脑灵活,思维敏捷,勤于思考。不过,那是在他们独处的时候。与会时很多人坐在一起,他们不但要熟悉会场气氛,而且还要在人际关系上考虑到如何与人相处得更融洽。因此,有些人的思路往往会因自己的信息传递得不到大家的理解而马上中断,有些人可能欲言又止。所以主持人要有出色的判断力,哪些人的发言对会议有建设性的意见,哪些人的观点很好而证据不足,哪些人整个发言很平常,没多大效果等。这些都需要主持人能准确地判断,并注意激发发言人的思维活力,善于启发他们朝着积极的方向思考。

4)不偏离会议主题

在会议进行过程中最忌讳大家坐在一起漫无目的地聊天,聊的都是与主题无关的事情。这不但浪费了宝贵的时间,还会使人心涣散。作为主持人,会议一开始,就应该使会议的进程紧紧围绕会议的主题,倘使有人试图将话题引到一边,主持人应立即出来制止。但是,主持人切记既要不使会议主题偏离方向,又不能伤害与会人员的感情,任何生硬的语言都会伤害与会人员的感情,同时,也有损主持人的形象。如若主持人发觉有与会者偏离主题的现象,会议主持人可以适当地对这位与会者提出忠告(而不是尖刻的批评),而且要恰到好处地提醒他注意他的发言已经跑题了。这样既保住了这位与会者的面子,又能进一步抓住要害,使话题深入下去。

5)不追加会议任务

会议环境中能给人强烈感觉的,是一种热烈愉快的气氛,严肃认真的气氛,奋发进取的气氛,团结、互相尊重的气氛。所以,主持人要随时引导和调整会议气氛,要严格按会议议程来主持会议,切不可随意追加或更改会议任务,应该给与会人员适当的休息与娱乐时间。

6)不以个人的喜好评断、引导他人

主持人在主持会议时在心里牢记这样一个观点:那就是要把自己当成绿

叶,而红花则是坐在会场的每一位与会人员。毕竟主持人一个人的能力有限,看问题也不如大家全面,所以主持人要摆正自己在会议中的真正位置。整个会场不是主持人一个人表演的舞台,主持人不要自命不凡,轻视别人的观点。为了激发大家群策群力,集思广益,主持人不要急于表白自己的观点,因为这样做,很容易会让与会人员以为你已经在做总结了。

7)保持中立

有个很形象的比喻说,主持会议就像驾车,你想往哪个方向开就往哪个方向开。如果会议结果对会议主持者个人有影响,会议主持者肯定会有意无意地引着会议朝他希望的方向发展,以使之产生他期望的结果。但事实上,谁都难以做到真正中立,每个人都有个人偏好和价值取向。因此,一个可行的做法是保持"操作中立"。意思是说,就与会者而言,作为主持人,他不能让自己的思想影响会议进程。会议主持人和与会者之间有一种无形的约定:每个与会者都有责任告诉会议主持人他是否对一个观点表现出了偏向。如果大家在开会过程中没有对会议主持者的行为提出质疑或异议,这就达到了操作中立。在大多数会议上,主持人的角色可以由本部门的人轮流担任。可以定期选出一个人来做这项工作,这样每个人可以每隔几周或几个月主持一次。对于与每个人都息息相关的重要会议,应该从部门或其他组织请人担任主持。如果会议主持人按照这些指导去做,他就能够实现所要求的操作中立。如果会议主持人抑制住自己,不为某个观点争辩,他就可能会帮助与会者团结合作,积极创新,获得双赢方案。

8)有效地控制会议

有些与会者的发言,常常发生思维出轨的现象。通常,这些与会者发言的开场白是这样的:"我还没有听到任何人提到……","首先,我认为我们必须考虑……","你们似乎都忘了……"。紧接着是离题转入那些猎奇者特别喜欢的轶事。这种情况的出现不能不说是主持人的失误,那么,这就需要会议主持人认真反省一下自己了。较好的解决办法是说明会议议题的重要性,及时让发言者回到会议的议题。有效地控制会议,这是每位主持人所必备的。

9)成功地驾驭会议

作为一名会议的主持人,在会议开始时应对会议目的做简要介绍,并为会议定出基调。会议主持人要善于自己做出思考,更要善于用集体创造的新观点,要广泛吸收,不要受局限。在会议结束后,主持人应再次强调会议的目的,告诉并通知与会者会议已经在某种程度上达到了预期目的。这些都是一个成功的会议驾驭者所应该做的。

总之,主持会议的技巧无定规,追求无止境,需要会议主持人自己去创造和积累,要学会运用各种技巧,使会议在轻松愉快的气氛中达到目标。

4.2.4 有效控制会议的进程

1) 控制会议进程的必要性

会议的时间有一定限度。正如我们前面所讲到的,一般会议的时间应限制在两小时左右,是考虑了人的生理、心理承受能力而定的。超过两小时以上拖拖拉拉、松松散散的会议,只会增加疲劳而不会产生好的效果。为了保证在有限的时间内获得满意的结果,会议主持人有责任控制会议的节奏,有张有弛,既使与会者充分交流意见,又要避免发生推诿、互相扯皮等现象。有的发言者话太多,他们喜欢自己说话,好像要利用会议来垄断讨论。对于这种情况,会议主持人出于对发言者的尊重,一般不宜当面直说,但可以寻找机会做出巧妙的暗示。如果他发言了,给他适当的时间,然后说"你提出的几点很好。现在让我们听听其他人的"之类的话,以此打断他。如果这一招不灵,就只有限定时间,比如,每人发言两分钟。若是任由这些口若悬河者不着边际、没完没了地说下去,终会延误会议进程。有的人不愿在大庭广众之下发表自己的意见而习惯于与周围的人窃窃私语,这必然会干扰会议的正常进行。如果他们的交谈妨碍了会议的进行时,可以通过直接提问来试着打断其交谈,也可停止发言,等他们安静下来。如果这也不管用,可以对他们说:"如果你们有什么要说的,请大声说出来,好让每个人都能从你们的讨论中获益。"

与会者在针对某个问题展开讨论时,由于各人的背景、素质、经验与价值观不同,看问题的角度不同,做出的判断、提出的解决方案等也必然会不尽相同。与会者往往会各持己见,据理力争。这是讨论深入的迹象。但如果意见已趋向集中,这时会议主持人就应适当终止争辩。否则,针锋相对的双方互不相让,争得面红耳赤,既浪费了时间,又妨碍下面议程的进行。有时,会议或许会成为发泄私人恩怨的场合,有人会利用它来给单位的工作制造麻烦。会议主持人很可能会遭到攻击,成为恶语中伤的对象,如果会议主持人恼羞成怒,大发雷霆,站出来和对方理论,这就偏离了会议的主题,不知不觉中正中对方下怀。因为对方的目的就是要让会议主持人在众人心目中留下一个狼狈不堪的印象。因此,巧妙地运用语言技巧,可以使会议主持人从不利境地中从容地走出来,避免无谓的争吵,保证会议完成既定的目的。

有效控制会议的进程,很重要的一点就是使各项活动尽可能地依照事先预定的进程进行,不要轻易变更。在有限的时间内,围绕主题展开充分讨论,那种天马行空的"座谈",只会使会议脱离轨道,会议主持人可以采用如下方法来予以纠正,比如可以说:"这是个颇有意思的意见,但这对讨论我们的问题适用吗?"这样可能会使对方意识到自己的发言离题了,从而回到正轨上来。

2) 控制会议进程的要点

在会议进行过程中,作为会议主持人,要合理地控制会议节奏,提高会议效率,就要对以下3个方面给予特别的关注:

(1) 为会议规定节奏

在每次会议之前,根据会议议题,做出本次会议的进行计划表,对会议讨论每个议题所占用的时间做出计划和规定。这样,只要会议的进行计划表制订得合理,并在会议进行过程中严格按照为每个议题所规定的时间进行,不为某一个议题而随意拖延时间,就可避免打乱会议进行的计划。这样便可以使会议表现出一种比较合理的节奏。

(2) 为会议创造节奏

除了对会议的进行做出计划以外,在会议进行当中,会议主持人还要以自己敏捷的思维,言简意赅的发言,为会议创造一种快速和适度紧张的节奏,不容许会议有任何拖沓和离题的时间。

(3) 灵活和合理地调整会议节奏

在对会议的进行做出计划和使会议保持在较快节奏的前提下,作为会议主持人还要对会议的进行做出一些随机的调整。例如立即结束已有结果的讨论,而不管是否已到所计划的对该问题讨论结束的时间;当讨论出现一些有价值的意见时,亦可对原有计划做适当的"有计划的拖延",以使会议取得更大的成果。

总而言之,在控制会议节奏方面最基本和最不容忽视的一条就是,要有一份有关本次会议的进行计划表。

3) 控制会议进程的技巧

会议进程控制是一项重要的管理艺术,它需要依照会议规则进行,同时又需要根据不断变化着的情况,灵活采用各种措施和方法,有针对性地调整各种关系,解决各种随机性问题。为此,就需要会议主持人掌握一定的控制技巧。下面,就针对会议主持人的控制技巧做详细探讨。

①会议召开之前,主持人须认真研读有关文件材料,了解议题和议程,了解与会者的构成情况及基本意见倾向。

②主持人必须严格守时,明确会议开始和结束的时间,准时开会和散会。

③在组织讨论时,应规定讨论与不讨论界限,给每位与会者以平等发言机会和权利。应善于及时纠正脱离议题的发言倾向,并注意其方式,不能因此而挫伤发言积极性。

④多议题会议的议题安排次序应科学合理。一般情况下,需要大家开动脑筋、集中献计献策的议题应放在会议前半部分时间。应善于对各种发言进行比较、鉴别和综合分析,正确集中大家的意见。经常用简明语言说明讨论要点和有关发言人的发言要点。

⑤不要炫耀自己,不要以与众不同的姿态和语调讲话,忌各种语病。批评要有建议性,应尽力避免同其他与会者产生直接冲突。

⑥主持人在会议期间应避免同其他与会者发生争论,不能在决议形成之前发表倾向于任何一方面的意见,更不能强迫他人接受自己的看法。

⑦当时机成熟时,应适时终止讨论或辩论,及时确认结论形成决议,一个议题结束后应立即转换议题,以免延误时间或节外生枝。

⑧应以各种方法和措施,避免或减少与会者中途退席,特别是其中的主要人物应力争不出现中途退席现象。

⑨当会场出现混乱时,应保持镇静,及时采取措施结束混乱状态。

⑩主持人应声音洪亮,举止得体,有一定感染力,忌多余的动作,忌语无伦次缺乏自信。

⑪注意创造与会议性质相适应的会议气氛,科学安排会议中的高潮与低潮,及时分发会议文件材料,监督工作人员及时认真地做好会议记录。

⑫除非必要,一般不宜随意变更议程。

⑬会议较长时,应安排短暂的休息并掌握好时机。休息不要安排在发言高潮,特别是某一问题或其中的一个方面的讨论尚未结束时,这样,将使议事效率大打折扣。

4.3　会间服务相关工作

4.3.1　会间服务

1) 会场检查工作

在会议正式举行之前,会议组织人员应先到会场,安排会场检查工作,检查内容包括设有主席台的会场,桌签或坐签是否安排正确的放置,会标、是否会徽和标语正确布置,如有鲜花或植物装饰的情况,检查是否摆放到合适的位置。音响设备是否正常运转,在会议上发放的文件和表彰的证书、物品是否已经到位,会议所用的茶水、饮料、会议用品等是否齐备。

2) 入场工作

召开大中型会议时,为了方便与会者尽快就座和保持会场秩序,需采取适当方式引导座次,也就是会议的入场工作。比如,在会议厅召开的大中型会议,一般都采用对号入座的方式或是将会场划分为若干区域,以地区或部门或行业

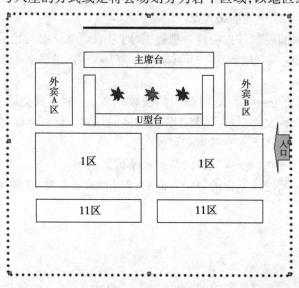

图 4.1　分区域入座图

为单位集中就座。分区域安排入座如图4.1所示。无论采取对号入座,还是随便入座,或是划分区域入座,都应设立指示牌或是由会议相关工作人员引导入座。特别是在大型会议开始前,应协助会议主持人安排与会代表就座,以便在会议正式开始前,完成会议的会场秩序调整,避免会议开始后再进行调整。特别提醒,在大型会议会场开会,如人数不多,最好采用对号入座,避免出现会议自由入座,造成前排无人就座,大家集中于后排的情况,开会时有可能主持者还要调度座次,这样既浪费时间又损坏主办者的形象。

3)安排会议迎宾和服务人员

对于参加会议非本单位人员,通常不熟悉会议的具体地点和安排,为此,会务工作人员和相关领导应在单位门口或会场周围迎候,引导到会场周围的休息场所或会议室进行休息,等待其他嘉宾到来,一起出席会议,需要时,为重要的与会者佩戴鲜花和胸徽。在安排重要而又可能出现混乱的会议时,会前应将有关与会者的座次做周密安排。如:表彰会、受奖者上台领奖与颁奖者不对应,就可能在台上走来走去,类似这样的会议,受奖者的座次要与颁奖的顺序对应,届时由礼仪人员导入主席台受奖。

4)适时提供茶水

会议进行过程中,应适时给与会者提供茶水,特别是对主席台就座的重要人员,尤其是做报告者(因为此时很容易口渴),这项工作可由会务工作人员来完成,也可由会场固定的工作人员来完成,提供茶水要注意的一个细节,茶杯盖要翻过来置于桌面上或拿在手中,水壶塞也要翻过来置于桌面,避免沾上桌子上的灰尘,尽管桌子可能很卫生,但与会者就可能产生心情不悦。正式场合最好使用茶杯,为参加会议的人员准备第一杯水应该先倒好,一般从右侧添水;上茶应密切关注会议进程,水少于水杯的二分之一处添水,保持适当的频率;在会议中的简短停顿中添水,总之要有眼色,还要干净麻利,切忌毛手毛脚,慢慢吞吞。

5)做好摄影、拍照工作

根据会议需要,做好会议全程或部分重要时段的摄影、拍照工作,为会后的宣传、学习、报道发挥作用。有的会议安排在开幕式后会议代表合影留念。对此,有关会务人员要对拍照的地点、座次早做安排,以便利用会议间隙,快速完成,保证会议有充足的时间。

6)会议前提醒工作

在正式会议开始前,会议主持人或会议组织者有必要提醒对会议参与人员会场纪律等问题,使会议进程不受影响。如:请大家关闭手机,注意会场秩序等要求,保证会议不受干扰,顺利进行。

4.3.2　会议记录工作

正式会议都有会议记录。如实记录会议情况,客观反映会议过程和成果,会议记录就成为重要的文书档案,研究会议内容和起草会议文件的重要依据。有些会议不必做记录,如信息类、显示类会议。

1)会议记录的内容

会议记录是会议情况的原始记录,要求真实反映会议的全貌。记录的内容包括会议的组织情况和会议的具体内容。会议记录具体内容包括:

①会议名称:包括会议的全称及届次。
②时间:会议起止的具体时间。
③地点:会场地点。
④到会人:包括出席人、列席人、主持人。
⑤缺席人,缺席人姓名及缺席原因。
⑥记录人。
⑦会议议题。
⑧讨论经过。
⑨议决事项。

2)会议记录的方法

会议记录一般采用笔录方式或用录音会后整理的方式。从记录的详细程度来看,记录主要是两种方式:

(1)详录

重要会议需要详细记录,要求做到"有言必录",包括发言中的插话。这种记录除了要用速记方法外,还要借助录音器材,用录音设备进行现场录音,会后根据录音整理。

（2）摘录

日常会议通常用摘要记录的方法。选择那些与会议主题相关的内容进行记录。这种方法要舍弃一些内容，记录主要精神。

详录和摘录这两种方法有时需要结合起来运用。有些会议内容需要详细记录，有些内容只要摘录就行了。即使摘录，重要发言、议决事项也需要详录。有些会议是不允许使用录音的，就只能用速记记录。不管使用哪种方法，都要求做到忠实原话，准确完整。会议中的重要决议的记录，有时要求即时提供给主持人，当场宣读，以便通过。会议记录一般使用统一标准的记录本。记录本的首页印有会议概况部分的项目，由记录人如实填写，会后由主持人核签。

会议记录表格式如表4.1所示。

表4.1　会议记录表

（会议名称）	
时间：	
地点：	
出席人：	
缺席人：	
主持人：	
记录人：	
会议发言记录：	
主持人（签名）：	记录人（签名）：

3）会议记录人员

好记录人员是做好记录的关键。会议一般有相对固定的记录人员。专人负责，可以熟悉出席人员，了解会议有关内容，熟练掌握记录的基本方法。如果是临时指派的人员，会务工作负责人就要交代清楚记录要求，必要时会前做些适当的辅导。记录人员需要有良好的素质。首先要有认真负责的态度，具备一定的秘书工作知识，掌握一些基本技能，如果能学会速记就更好。同时也需要实际训练，提高记录速度。

4.4 会议出席、发言与讨论工作

4.4.1 与会者出席会议

在会议活动过程中,会议参与者是会议的主体构成要素之一,在会议进程中,与会者集中精力投入到会议活动,势必会使会议取得较好的效果,完成会议的目标和贯彻执行好会议决议和任务。因此会议与会者需要准确把握会议的角色。同一个人出席不同的会议,所充当的角色不同;同一个会议,不同的人所担负的责任不一样。每一个与会者要有强烈的角色意识,需要学会角色转换,充当好自己应当充当的角色。

1)与会者的角色

如果把会议比做一台演出,与会者就可能充当以下不同的角色:
①导演。是会议的总指挥,重任在肩,负责会议的组织、调度、协调、指导。
②主角。是会议的主要参与者,没有你,这台戏就唱不成了。讨论时你是发言人,投票表决时你必须在场。
③配角。虽然你不是主角,但又是必不可少的,因为你代表某一方面,你是会议的列席者、旁听者。你当然不能抢镜头,喧宾夺主。
④观众。你出席会议就是充当一名听众,倾听是你的天职。当然,遇到精彩的场面,你也可以拍手叫好。有些会议还有一些特殊的"观众",他是会议的观察员,对会议起监督员作用。

2)与会者的权利和义务

出席会议的权利和义务是相互的。每个与会者都有在会议上享有的权利,同时也有开好会议的义务。具体来说与会者的权利包括:
①商议权。参与会议议题商讨,发表见解看法。
②表决权。对会议议决事项的表态权利,包括表示赞成、反对、弃权的权利。如果受到不公正待遇或会议违反有关章程规定时,有抵制或抗议的权利。
③参与权。参与会议组织的各种活动的权利。
④享用权。所有出席者都享有获得会议服务,包括生活、信息等的权利。

与会者具体的会议义务包括:

①服从指挥。会议是一种集体活动,每个与会者必须服从大会的统一指挥和调遣,服从会议的安排,包括统一行动、会议进程、食宿安排等。

②积极参与。任何会议都需要与会者的积极参与,尽管会议性质、内容不同,与会人员的任务不同。

③积极参与。为会议多做贡献是每一个出席者的义务。

④严守纪律。会议纪律包括会场纪律、生活纪律、保密纪律等,与会人员必须自觉遵守。

3)与会者的出席之道

以下问题是应当加以重视的:

①准时出席。守时是对每一个出席者的起码要求。迟到会干扰会议进程。不得已就要找机会向主席和与会者道歉,但不能做详细解释为自己辩解。

②有备而来。出席会议总要做好准备,按照会议通知的要求,了解议题,查阅有关材料,掌握有关情况,做好发言准备。同时尽可能了解其他与会人员的情况。

③慎选座位。除大会安排固定座位以外,落座要选择适合自己身份的位置,同时还要顾及在会议上的任务,比如准备发言,就不能过于靠后。

④注意形象。出席会议要有良好的形象,穿戴要适宜,不能过于华丽和随便。与会议气氛、其他出席者及季节相协调。坐姿要优雅、得体,尽量避免一些无谓的小动作。出席会议要苦练"坐功",不要轻易离座、频繁进出,手机和传呼机要处于振动状态,最好关机。

4.4.2 与会者发言

除了会议听众外,有些会议需要与会者积极发言。做好发言是与会者的责任。一个有质量的发言,有助于推进会议进程,丰富会议内容,树立与会者的良好形象。

1)发言需要做好准备

(1)了解会议议题

会议议题是会议的中心,完成议题是会议的目标。紧扣议题、有针对性的发言才有价值。了解议题是发言的基础。

（2）了解主持人和听众

主持人在会上起决定性作用。切合主持人的风格,发言容易成功。其他发言人的情况也要有所了解,如果可能,了解其他发言的观点、立场,做到知己知彼,既可以避免人云亦云、观点重复,又可以避免过于孤立。发言应有发言稿或发言提纲。重要发言必须准备一个发言稿,简短的发言要有一个发言提纲,即席发言打个腹稿。没有准备、张口就说的发言,是很难成功的,也容易给人敷衍应付的感觉。

（3）展示物品的准备

有些会议发言,要借助有关物品物件,需要事先准备好。

2）发言的方法

发言是一个人综合素质的反映。既体现对议题的认识和理解,又体现发言者的政策理论水平、分析能力和语言表达能力。发言的方法很多,把握好以下几个环节是至关重要的:

（1）亮相

得体的登台亮相能给人美好印象。既不能来势汹汹,也不能无精打采。会议发言别指望先声夺人能吸引听众,平静登场是最好的方式。自我介绍、点头致意或鞠躬有时也是必要的。

（2）引出话题

要对发言的范围、目的、背景、依据适当加以介绍。必要时,可以说明前期的调研及准备情况,给人一种有所准备的印象,调动听众兴趣。

（3）展开话题

围绕会议主题,选择发言角度和重点加以陈述,尽量做到有理有据,条分缕析。为了增强发言的逻辑性,可以适当运用"起承转合"和序码排列,切忌大段陈述、条理不清,让人听得云里雾里,不得要领。

（4）结束话题

发言结束要归纳基本观点,别忘了说上"我的发言完了"之类的话。发言结束时,有时可以说上诸如"我的意见不很成熟"、"不对的地方请批评指正"的谦词。

3) 发言的基本要求

(1) 遵守会议规则

会上发言不能随心所欲,要严守会议规则和纪律。发言权的取得,要靠会议安排或主席许可。发言的顺序、时限,都要符合会议的要求。无人发言时可以提出请求,获得许可后发言;讨论同一问题,尽量避免两次发言,除非都已经发言或无人发言。

(2) 切中会议主题

发言必须紧扣会议主题,只有会议讨论的问题,才会得到与会者的关注,才有可能引起与会者的共鸣。有效的办法是开始发言时表达对会议主题的认识,结束时再次做些强调。偏离主题的话,即便是金科玉律,也是没有听众的。

(3) 力求就事论事

发言要取得成功,还得注意避免不必要的纷争。要就事论理,表明观点,不能借题发挥,旁敲侧击。也就是说,发言要议事不议人。针对议题,可以发表议论甚至抨击,而不能对会员的动机、性格、人格做直接或间接的攻击。

(4) 讲究文明礼貌

发言态度要谦恭,举止要文雅,措辞要得体,符合场合、听众层次的要求。不能旁若无人,出言不逊,更不能大言不惭。

(5) 借助一些辅助手段

运用视听器材和适当展示物品物件,有时可以为发言增色。例如,投影机可以解除口才欠佳者的苦恼,物品物件可以作为阐述观点的有力佐证。

4.4.3 会议讨论

讨论是会议的主要形式之一,组织讨论是会议主持人的基本任务。成功的讨论,是会议取得成效的基础。

1) 组织讨论

组织讨论是一个程序化很强的工作,除了要做好必要的准备外,要重点组织好以下几个环节:

(1) 宣布讨论规则

组织讨论要有规则,否则讨论就会无序、紊乱。大型的讨论会必须专门制订会议规则,一般的会议,讨论也要有个大致的规矩,如讨论时间、方式、发言顺序、发言时限等。

(2)介绍讨论问题

主持人要简要说明讨论问题的内容要点、价值意义等,并说明会议讨论要取得什么结果、产生什么成果。介绍议题时,可以适当说明讨论的方向和侧重点,引导与会者对讨论问题的兴趣。

(3)引导代表发言

主持讨论会重点在于启发和引导与会者的发言。有些会议讨论是事先准备好发言提纲,安排好发言顺序,逐个发言。有些讨论则要求围绕某一问题,自由发言,关键就要靠主持人的引导了。

(4)组织展开辩论

讨论会的难点在于组织辩论。常见有些讨论会的发言,轻描淡写,不痛不痒,发言都是一些表态式的,讨论无法深入,也没有激烈的思想交锋和碰撞。会议主持人就需要"挑起事端",让代表们进行辩论,从辩论中产生"火花"。

(5)付诸表决或小结

讨论进行到一定程度,与会者都发表了较充分的意见后,就可以付诸表决,产生讨论的结果。主持人需要对讨论情况进行小结,做出公正的评价,得出初步的讨论结果。

2)讨论中的技巧

作为讨论的组织者和主持人,应该掌握处置以下情形的方法:

(1)打破冷场

不管你是主持人还是与会者,冷场总是令人难堪的。既拖延时间,影响讨论的顺利进行,又造成气氛不和谐。遇到冷场,主持人要冷静分析,对症下药。如果是准备不足,可以让讨论者稍作准备,或鼓励边谈边补充;如果是议题理解不准,可以再作说明,启发引导;如果是议题有难度,与会者不愿谈,应该寻找善谈的人作为突破口。打破冷场需要耐心地引导,切忌简单急躁。

(2)诱导沉默者

有人在讨论时信奉"沉默是金",金口难开。如何诱导沉默者,也是一种艺术。沉默者的类型很多:思想有顾虑者、持少数意见者、事不关己者、心事不宁者,抵触敌对者,等等。对待这些沉默者,就要察言观色,做出判断,区别对待,各个击破。如解除思想顾虑,鼓励持少数意见者发言,修正主持方法,调动气氛和情绪,引导沉默者发言。

(3)克服"跑题"

组织讨论最常遇到的问题就是"跑题"。克服跑题,就得从根源上解决问题。跑题,常常由于对会议目标和议题把握不准,或者心目中有过于偏爱的"兴奋点"。讨论中一旦发现,主持人就要采取措施加以克服,可以巧妙地制止离题者的发言:"你说得很对,但跟我们今天讨论的问题似乎关系不大。"

(4)处理争执

会议讨论中出现分歧是常见的。如果解决不好,就会影响会议的正常秩序。引导得好,就可以集思广益,启发思考。主持人要善于听取各种意见,特别是重视多数人的不同意见。对待出现的争执,属于工作意见分歧的,主持人可以做出裁决;属于人际关系引起的争执,要及时制止。

(5)对付垄断者

有些人在会议上试图推销自己的方案、观点,总想左右主持人甚至全体与会者的思想,力图垄断讨论,长篇大论,滔滔不绝,纠缠不止。对于这种情况,主持人要高度警觉,识破这种企图,加以制止。否则,讨论就会偏离方向,最终不能实现会议目标。

3)讨论中注意的问题

(1)突出中心

组织讨论一定要突出中心。也许需要讨论的问题很多,但一次讨论总得有一个中心,将一般内容和重点内容、一般议题和中心议题区分开来,按照轻重缓急,突出重点。组织讨论过程中,始终围绕中心议题来展开,任何偏离方向的讨论都要加以制止。

(2)把握进度

会议主持人要对讨论的进程加以控制,掌握讨论的进展情况,合理分配时间,保证重点议题和重点发言的时间。对有若干个议题的,分出重点和非重点,每个议题合理安排时间;只有一个议题的,也要掌握讨论的进展,从讨论问题的广度和深度加以掌握,准确判断讨论的程度,及时做出相应的调度和调整。

(3)重在引导

组织讨论重点在于主持人的引导和启发。讨论是集思广益、集中与会者的才智的一项活动,不是走过场,也不是说服与会人员通过或同意某一方案,某一观点。因此,组织讨论一定要重在引导。只有充分调动与会者的积极性,开动脑筋,踊跃发言,讨论才会有质量、有效益。

本章小结

在会议运营管理中,会议现场管理工作是会议活动的中间环节。本章分析会议现场中主持人、会议主持人的工作要求、会间需要的相关服务以及作为与会代表在会议中如何出席会议,如何发言以及如何组织讨论。这部分内容不但作为会议组织者和会议执行者要求掌握,同时对于与会者如何参加好会议也给出了相应的方法。会间现场管理工作涉及会议组织者和会议与会者,只有双方都为会议准备好,会议目标才能顺利实现。

复习思考题

1. 会议主持人的工作要求内容分别包括哪些方面?
2. 对于会议主持人而言,成功主持会议有哪些要求?
3. 在会议现场管理过程中,会议现场服务管理工作包括哪些内容?
4. 在会议上组织进行讨论,要注意哪些问题?

实 训

实训1   成功主持公司会议的技巧

开会是一个很重要的能力,除了参与会议,主持会议的能力更是关键,影响整个会议的运作与实质效益。既然大家花了时间开会,自然希望事项能透过会议讨论获得有效的解决;一个失序、缺乏条理的会议,只是浪费大家的时间与公司的资源成本。

因此主席是会议中的灵魂人物,公司里的每一个人都应该轮流练习主持会议,借此学习掌握时间、管理有效的议程讨论、并获致结果、减少冲突。

1. 座位安排学问大。首先,会议席次的安排便是一门大学问,虽然这通常得仰赖幕僚,但主席更应深谙此间的道理。如果幕僚对会议的内容与公司人事状况了解的话,透过安排议程与座次,便能化解掉原先可预见的冲突。例如,主席的右手边或正对面,通常会安排其最常咨询、且沟通无阻的同仁,这个人必须能维持公正客观,同时勇于提醒主席应注意事项,以利会议进行。

2. 为了不让会议的权力偏重一方,主管们不宜坐在一起,各部门主管与部属最好穿插着坐,同部门的主管与部属不要坐隔壁,而应坐斜对面,部属才能畅所欲言。不过,欲协助主管开会的部属,则可以坐在主管右手边以便备询。重要的是,老板座位旁边最好安排一个敢言的人,才不会让老板主导会议,而部属却总是沉默。

3. 另外,也可以用座位的布置来调节一些可预见的冲突。例如,不要安排原本就针锋相对的同仁,直接面对面地坐着开会,而可安排他们坐较远的斜对面,或坐成 L 型,中间隔几位能缓冲两位歧见的同事。所以比较好的会议桌是圆形或椭圆形的,方桌会给人谈判、争斗的感觉。

4. 在会议进行中,若出现与会者发言离题或是交头接耳的情况,主席应该礼貌地提醒与会者,因时间有限,请回到正题或集中精神;若是主席自身发言离题,则有赖与会者的会议管理能力,提醒主席回到正题。

5. 另外在阶级分明的组织中,主席必须要能引导、邀约每个人发言。如果有少数人的意见过于踊跃,似乎垄断了会议的发言权,主席可以表示,希望征求新的意见,请其他没有发表意见的人轮流发言;轮流发言使每个人都有表达的机会,而且对事不对人,垄断发言者也不会觉得不舒服。

6. 若会议中发生冲突,主席必须非常敏锐,最重要的原则便是中立。唯有中立才能保持客观,引导大家做"意见之争",而非"人与人之争"。有一句话说得很好:"人与人的竞争是毁灭性的,但是意念与意念的竞争是建设性的。"就事不就人,出了会场,会议中的一切意见之争不会带有任何杀伤力。所以当冲突发生,主席必须提醒每个人就事而论,别做人身攻击。具争议性的讨论如果破裂,不要僵持不下,主席应先请大家讨论其他议案,缓和气氛后再讨论,或者将该议案尽快择日再议。但是在此次的会议结束前,应讨论大家散会后的准备工作。例如,请意见不同的两方,准备齐全的相关资料,以便于下次会议中提出讨论。而不是将棘手的议案搁置、延后再议,大家却仍然没有准备、两手空空地参加下次会议,又是一场从零开始的争议,吵闹不休,永远没有办法解决问题、获致结论。所以散会的条件是,清楚拟订下次的议程或方向,而且时间必须尽快且经大家同意。

只要每个人都具备参加会议或主持会议的能力,充分地投入议程,自然较愿意为自己在会议中的承诺或决策负起责任,一切决策的执行才会真正落实。

实训2　如何写会议的开幕词

如果你是某机关单位办公室的负责人,领导要求你草拟一篇会议的开幕词,你准备如何撰写?

撰写会议的开幕词的提示:会议开幕词是会议讲话的一种,是党政机关、社会团体、企事业单位的领导人,在会议开幕时所作的讲话,旨在阐明会议的指导思想、宗旨、重要意义,向与会者提出开好会议的中心任务和要求。它以简洁、明快、热情的语言阐明大会的宗旨、性质、目的、任务、议程、要求等,对会议起着重要的指导作用。

会议开幕词由首部、正文和结束语三部分组成,各部分的项目内容与写作要求如下:

1.首部包括标题、时间、称谓三项。标题:一般由事由和文种构成,如《中国共产党第十二次全国人民代表大会会议开幕词》;有的标题由致词人、事由和文种构成,其形式是《×××同志在×××会上的会议开幕词》;有的采用复式标题,主标题揭示会议的宗旨、中心内容,副标题与前两种标题的构成形式相同,如《我们的文学应该站在世界的前列——中国作家协会第四次会员代表大会会议开幕词》;也有的只写文种《会议开幕词》。时间:标题之下,用括号注明会议开幕的年、月、日。称谓:一般根据会议的性质及与会者的身份确定称谓,如"同志们"、"各位代表、各位来宾"、"运动员同志们"等。

2.正文:包括开头、主体和结尾三部分。开头部分一般开门见山地宣布会议开幕。也可以对会议的规模及与会者的身份等做简要介绍,如"参加这次大会的代表有×××人,其中有来自……",并对会议的召开及对与会人员表示祝贺。需要说明的是,开头部分即使只有一句话,也要单独列为一个自然段,将其与主体部分分开。主体部分是会议开幕词的核心部分。通常包括三项内容:第一,阐明会议的意义,通过对以往工作情况的概括总结,和对当前形势的分析,说明会议是在什么形势下,为了解决什么问题和达到什么目的召开的;第二,阐明会议的指导思想,提出大会任务,说明会议主要议程和安排;第三,为保证会议顺利举行,向与会者提出会议的要求。结尾部分提出会议任务、要求和希望。

3.结束语。会议开幕词的结束语要简短、有力,并要有号召性和鼓动性。写法上常以呼告语领起一段,用"预祝大会圆满成功"结束。

实训3 如何组织颁奖

一家会议论坛组织机构准备在会议中举行一个颁奖典礼,由于要颁发40多个不同类别的奖项(包括奖杯、奖牌、证书等),而获奖者来自不同地区的不同单位,因此主办者对于颁奖能否有序顺利进行非常担心,如果你是此项活动的组织者,你有什么好的建议?

组织颁奖提示:组织颁奖活动是会议中常见的活动之一,但很多时候由于组织者在之前没有周密的安排和计划,因此颁奖活动容易出现混乱,形成尴尬的局面。建议如果颁发的奖项和获奖人员很多时,首先考虑在会议参会指南或手册中,对于颁奖活动进行提示。提示可以包括以下内容:

1. 确定与会者获奖的性质和类别,进行确认。

2. 颁奖的流程与座次的安排,对顺序和得奖人的座位安排进行说明,最好画图说明应该坐的位置和上台、合影、下台路线和位置。

3. 在会议上证书最好不发,避免发错。尽量发奖杯、奖牌,证书等会后再领取。

4. 在颁奖前,尽可能提前与领奖人协调,告之注意事项。

实训4 如何组织合影

一次国内专业会议将于7月底在北方某城市举办,会议日程中有一项内容是组织与会代表400多人在室外合影,但会议组织者了解到当时的天气状况可能是高温天气,由于人数众多,不可能转移到室内,因此快速的完成合影成为会议组织者必须考虑的问题。如果你是会议的主办者,你如何解决这一问题?

组织合影提示:合影是会议工作中常见的活动,参会人数较少的会议组织起来非常顺利,不会占用太多的时间,但人数一旦较多时,往往会花费较多的时间,并且效果不好。因此会议组织者要考虑周密,事先设计好与会者合影位置和安排,保证会议进程。例如在会议指南中,用图划分好不同代表位置,避免混乱。使与会代表在工作人员指引下,迅速就位。合影代表位置如图4.2所示。

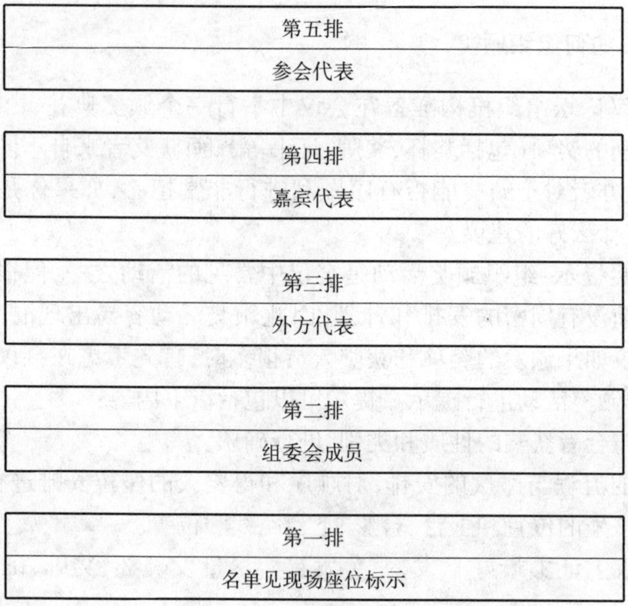

第五排
参会代表

第四排
嘉宾代表

第三排
外方代表

第二排
组委会成员

第一排
名单见现场座位标示

图 4.2　合影代表位置图

案　例

失控的工作会议

某公司召开办公会研究销售工作,会议预计 8:30 举行,11:30 结束,主持者是新上任总经理,他在会议开始前说明了会议议题是:提高产品销售量,请分管副总经理、销售部经理和几个片区经理分析原因,提出解决问题的方法。会议开始后,分管副总经理报告了年度总体销售情况,谈到销售量下降的原因是产品质量没有市场竞争力、产品品种不适应市场需要,应该增加花色品种、加强生产管理、对生产现场严格控制等,不知不觉中话题一说开,谈到工人迟到、早退等,足足用了 50 分钟,等到销售经理和几个片区经理发言时,因大家平时与总经理见面时间就少,又是面对新的总经理,很想表现一番,于是在汇报时除谈到各地的营销情况,有的还谈了各地的风土人情、趣闻趣事,有的还谈了营销工作重要性、营销的理论等,等到最后一位发言时,时间已是中午 12:30,总经理不能不听他们的发言,虽然要求其发言简洁,但还得耐着性子听下去,到最后 13:00

发言结束,与会者已显饥饿和劳累,但会议还没有一个提高产品销量的方案,总经理只好宣布下午继续开会。

案例分析:

提高会议效率是举行会议始终要注意的重要问题。会议效率低下的原因是各种各样的,除会议组织、会议准备不充分等因素外,会议召开时,会议的主持者和与会者的会议效率意识是一个重要因素。从这个会议看,会议者事前对发言内容未做认真准备,发言时不少内容离开了会议议题,漫无边际。另一方面,会议主持人未能及时把握会议的进程,当副总经理的发言偏离议题时,应该及时地给予提示,以便围绕议题展开讨论,同时给后面发言人得到适当约束。如果这样,这个会议就不会既耗费时间又无效果。纵观现实生活中,类似这样效率低下的会议还不少,必须引起我们的重视以改进会风,提高会议效率。

第5章
会议财务管理

【本章导读】

本章主要介绍在会议运营管理过程中,会议财务管理的基本概念,进行会议财务预测、编制会议预算、计算注册费、会议资金管理以及对于会议成本控制、会议赞助的相关问题,使学习者能够用财务管理的观念、方法对会议运作进行经济的分析、控制。

【关键词汇】

会议财务管理的基本概念　会议预算　会议资金管理　会议成本控制　会议赞助

5.1 会议财务管理的基本概念

举办会议通常都不是纯粹的商业活动,不是以营利为主要目的,但不可否认的是会议运作的过程是一种经济活动,既需要筹措会议资金,更需要按预算进行成本控制,尽量减少会议的支出,因此,会议的财务管理始终是会议运作中最重要的环节之一。

5.1.1 会议财务管理的基本概念

会议财务管理是利用价值形式对会议财务活动的管理。会议财务管理的本质就是对会议资金的管理,其主要内容是研究会议运作时资金活动的过程及其规律。会议资金活动主要包括筹集资金、运用和分配资金。会议要努力开辟资金渠道,合理分配和使用资金,在资金管理方面保证会议获取成功。

5.1.2 会议的财务目标

在会议的策划准备阶段,必须制订会议财务目标,会议财务目标分为营利性和非营利性两种。目前,在我国举办的大多数会议都不是纯粹商业活动,财务目标都是非营利性的,正如财政部对在华举办国际会议的有关文件中规定举办国际会议所需的经费,其主要来源是国内外与会人员向会议交纳的注册费,应厉行节约,从严控制经费支出,努力做到以会养会,其中"以会养会"这也应该是目前我国举办的大多数会议的财务目标。由于会议的财务目标是非营利性的,而且政府、有关部门机构划拨全部或部分行政事业经费用于会议经费开支。因此,在会议财务管理中也很少计算投资收益,只要能收回启动资金,最终使会议财务做到收支平衡,略有结余即可。有些公益性、展示性的会议甚至做不到收支平衡,需要考虑从其他渠道获取一些会议经费,才能保证会议的顺利召开。

5.1.3 会议财务经费管理

在会议策划与准备阶段,成立相应的会议组织机构,明确人员组织与分工,往往要确定一位会议领导人负责会议全部支出,他要非常熟悉会议的预算,明确每一项支出的标准和使用的权限和范围,得不到他的批准将不得进行任何支出,实行"一支笔"签字的原则。这位领导人通常是由会议秘书长或会议组织机构的负责人担任。在会议财务经费管理过程中,一般不能轻易改变财务管理的授权人和其权限范围,不能轻易改变授权人的财务决定,以免引起混乱。但在实际筹备过程中,有时也会出现不能严格按照会议预算的标准进行支出的项目,遇到这种情况时要有充分的理由,并经会议组织委员会或会议最高领导机构批准,集体决策,防止出现一个人说了算的现象。

5.1.4　会议财务预测

会议财务计划管理中很重要的内容是会议财务预测。会议主办者要依据会议活动的客观发展规律,利用已经掌握的财务知识和手段,对会议未来的财务状况做出预先的推测和判断,保证顺利实现会议财务管理的最终目标。根据预测得到的数据编制会议财务预算。会议财务预测是编制会议预算的基础,其基本方法是依靠知识、经验和综合分析能力来判断未来会议可能出现的财务状况,运用过去和现在的大量的会议资料作定量化分析,把定性转化为定量信息,作为判断的手段。经常采用的具体手段有专家调查法、报表调查法、历史类比法和集合意见法等。预测的基本内容包括以下几方面:

1)会议规模的预测

会议预算是以会议规模,也就是参加会议的人数为最主要数据编制的。在会议筹备初期,会议人数带有很大的不确定性,给编制会议预算带来了很大的难度,就只能根据财务预测的各种基本原理预测出会议规模这个最基本的数据。例如举办国际组织系列性会议时,经常采用历史类比法对数据进行判断,估算出本届会议的人数。一般可参考前三届会议的人数,可向这几届会议主办国索取代表名录,对参加每届会议的人数按国家进行分析,就可以推算出本届的会议代表人数。根据上述的方法还能预测出会议其他的辅助数据,例如会议国内代表数、陪同人员和参加旅游人数等。

2)会议固定支出的预测

会议支出分为两类:固定支出和可变支出。固定支出是不随会议人数的变化而变化的支出,即使将来会议的实际收入少于预期收入,通常固定支出也不会有很大的变动。例如,会议早期筹备时最多的固定支出是印刷和邮寄费,都是在会议举行之前就发生,和会议人数没有直接关系。会议的可变支出是会随着会议人数的变化而变化,例如,会议期间的餐费。在对会议规模进行预测之后,应尽快根据预测的数据对会议固定支出进行预测。得到会议固定支出后,以此为基础预测出会议的保本人数和注册费收取的水平,这两项数据对于完成会议的财务目标起到至关重要的作用。由于会议的许多固定支出都是在会议筹备的前期,需要由会议的启动资金支出,因此,预测出会议固定支出的金额对筹集会议启动资金也有指导意义。

3) 会议保本人数的预测

由于举办会议最基本的财务目标是保证会议不能出现亏损,也就是说会议收入一定要大于会议支出。由于会议收入主要是决定于注册费的高低和参加会议的人数,当会议注册费的水平基本确定之后,会议的收入就完全取决于会议代表人数的多少。通常可以用下列简单公式来进行计算:

保本人数 = 会议固定支出/(注册费 − 每位代表的可变支出)

注册费和保本人数之间的关系如图 5.1 所示。

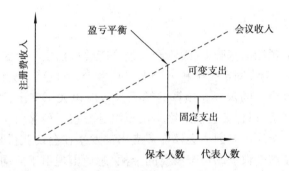

图 5.1　注册费与保本人数的关系

4) 会议收入的预测

通常在会议各种收入中注册费的收入是相对比较稳定的,只要人数预测准确,预算的收入和实际的收入不会有很大的差别。但是会议其他某些收入,在不同的会议中会有很大的差别,例如,国际会议收入中的旅游收入。由于各种原因,来我国参加国际会议的北美和欧洲的代表很少采用组团的形式,因此,他们可能会参加会议举办的各种旅游活动,会议在旅游方面将会有一些收入。但如果会议代表主要来自亚洲国家,就要另当别论了。1997 年中国质量学会举办第十一届亚洲质量控制小组会议时,来自亚洲 11 个国家的近 1 000 多名会议代表,全部由各国旅行社组团参加会议,几乎没有会议代表住在会议推荐的宾馆和参加会议的旅游,为此会议少了一大块收入。赞助费也是会议的主要收入,许多会议的盈亏最终取决于赞助费的多少,因此,对赞助费的预测也是至关紧要。

5) 经济环境的预测

筹备大型会议经常需要几年的时间,在这期间世界经济环境的变化和国家通货膨胀的因素最终都会反映到各种价格的变化。其中,汇率的调整经常是影响国际会议财务管理的重要因素。

5.2　编制会议预算与注册费计算

5.2.1　编制会议预算

1) 编制会议预算的目的

在会议财务预测的基础上,编制会议预算能够提供出一个定量的会议财务计划,即反映出的会议固定支出和可变支出是多少;也估算了会议收入是多少,预算反映了最终会议的盈亏。预算的结果收入应该大于支出,否则,就要努力寻找其他会议经费,以保证会议最终不出现财务亏损。预算对于会议财务管理至关重要的另一个原因是因为会议许多支出都发生在会议获得收入前,通过预算可以清楚地了解会议启动资金需要的金额,避免出现由于启动资金不足而影响了会议的正常筹备。同时会议预算要经过会议组织结构和领导的审核通过后,方可执行。

2) 会议预算的组成

会议预算主要是由会议收入和支出两部分组成,支出部分又分为固定支出和可变支出两大部分。固定支出和可变支出两者之间并没有一个统一的划分标准,只要便于在今后的会议筹备中能够随时掌握和调整会议预算即可。会议财务预测提供了编制预算的许多关键数据,根据会议举办城市的各种价格和会议的主要支出的项目就能很容易地编制会议预算。会议预算表如表 5.1 所示。

表5.1　会议预算表

序号	项　目		预算金额	实际金额
1	注册费			
2	赞助			
3	展览			
4	广告			
5	旅游			
6	住房佣金			
7	财政补贴			
收入合计				
1	固定支出	申办费用		
2		市场宣传		
3		考察活动		
4		征文通知		
5		特邀报告人费用		
6		会议机构活动		
7		会场设备租金		
8		基本办公费用		
9		人工费用		
10		工作人员费用		
11	可变支出	住宿费		
12		餐饮费		
13		印刷费		
14		邮寄费		
15		征文通知		
16		代表用品		
17		服务费		
18		交通租车费		
支出合计				

编制预算的先后顺序依次为编制会议的固定支出、可变支出、会议的收入和预算总结。会议的固定支出需要有一定举办会议的经验和掌握其他会议的一些历史数据,了解现行各种价格并考虑到未来通货膨胀的因素后进行编制。会议的可变支出根据预测的会议各种人数和各种价格进行编制。根据会议的人数和支出计算出会议的注册费的收费水平,加上会议可能的其他收入,就可以计算会议的收入。会议的收入和支出完成后,会议的预算总结也就出来了,可以提交会议组织或领导机构进行审批。

5.2.2 会议注册费的计算

会议注册费是会议最主要的收入,是决定会议能否做到收支平衡的重要因素。它的定价至关重要,定低了有可能使会议出现亏损;定高了有可能减少参会代表人数。在确定注册费时,还必须考虑不同的代表、代表陪同人员、特邀嘉宾等不同身份人员的注册费用不同,有区别的对待。同时注册费所包含的内容、项目多自然费用高,项目少注册费就会低。因此在注册费的设置项目时,对于非主要会议活动可以采用"菜单"式选择的方式,供会议代表选择,形成不同的注册费。如在会议后期安排考察活动所需要的考察费项目,代表可能已经去过,就可以选择不参加,减少相应注册费用。

(1)预算注册费

当预测出会议的基本人数和计算出会议固定收入后,并决定了注册费所包含的项目,可用下列公式计算出注册费的收费水平。

$$R = \frac{F_c + V_c + C}{D}$$

其中 D 为参加会议的代表人数,C 为不可预见费。会议筹备时间是漫长的经常会有一些预料不到的事件发生,因此,在预算中还应加上一笔不可预见费,相应地也要增加注册费的数额。不可预见费的数额通常可按总支出的 5%~20% 来计算,也可用下列公式计算:

$$C = \frac{V_c}{F_c + V_c} V_c$$

上述公式亦可表述为:

注册费 = (会议固定支出 + 不可预见费)/会议人数 + 每位代表的可变支出

【例】 某会议的预算支出如下:会议申办费用 28 000 元;会议地点选择考察费用 7 800 元;会议室及会议设施费用 20 000 元;视听设备费用 5 000 元;特

邀报告人的参会费用 10 000 元;办公设备费用 5 700 元;公关宣传费用 5 300 元,临时翻译(含书面翻译、口头翻译及同声翻译)费用 18 000 元;同声传译接收器租金 6 000 元;工作人员人工费用 50 000 元;餐饮费用 105 000 元;印刷费 1 900 元;邮寄费用 1 500 元;代表用品费用 10 000 元;服务费(一次性支付) 50 000 元;预计会议参加人数 500 人。试计算会议注册费。

解:①先确定并计算会议固定支出:

会议申办费用	28 000 元
会议地点选择考察费用	7 800 元
会议室及会议设施费用	20 000 元
视听设备费用	5 000 元
特邀报告人的参会费用	10 000 元
办公设备费用	5 700 元
公关宣传费用	5 300 元
临时翻译	18 000 元
工作人员人工费用	50 000 元
服务费	50 000 元

F_c = 199 800 元

②再确定并计算会议的可变支出:

同声传译接收器租金	6 000 元
餐饮费用	120 000 元
印刷费用	1 900 元
邮寄费用	1 500 元
代表用品费	10 000 元

V_c = 139 400 元

③计算不可预见费:

根据公式
$$C = \frac{V_c}{F_c + V_c} V_c$$

$$C = \frac{139\ 400}{199\ 800 + 139\ 400} \times 139\ 400 = 57\ 289$$

④计算注册费:

根据公式
$$R = \frac{F_c + V_c + C}{D}$$

$$D = 500 \text{人}, R = \frac{199\ 800 + 139\ 400 + 57\ 289}{500} \approx 792.98$$

注册费可取整数 800 元。

虽然用上面的公式很容易计算出注册费的收费标准,但是在最后确定注册费的标准时还要考虑下列各种因素:

①若是系列性会议,要参考前几届的标准,一般本届会议注册费的水平不应高于往届的注册费的 5% ~ 10%。

②参照国际、国内同类专业、同类型会议的收费标准,一般临床医学类会议注册费最高;计算机、通讯、建筑等工程技术应用科学其次;而数学、物理等纯理科的注册费最低。

③如果计算出来的注册费比较高,就要将一些在支出中占比重比较大的项目如宴会、午餐以及论文集都不包含在注册费里。会议代表要享受这些待遇需另付费用。另外,会议是否提供同声传译服务,会场是否提供多媒体投影仪,会议是否设有网吧,这些项目都可以用来调整注册费。

④会议收入中只有注册费是会议实实在在能够收到的费用,而其他几项,由于各种原因,会议可能得不到这些收入。因此,做预算时可"只用注册费一项的收入,用以会议的全部支出,这种状态下若能做到财务平衡,说明会议可以最终做到只赚不赔;若不能平衡,可以适当提高注册费的水平。通常提高注册费可以增加会议的收入,但注册费的提高绝不是无限的,注册费太高将影响参会代表的人数,因此如果会议经费的缺口较大,就必须寻找会议的其他收入来源。

(2)交纳注册费的时间期限

会议组织者总是希望会议代表提前交纳注册费,这样可以尽早掌握会议的盈亏程度,为了鼓励会议代表提前注册,会议设置一个注册截止日期,在这个截止日期之前注册的代表的注册费可适当减少。

5.3 会议资金管理

由于会议财务管理的核心问题就是对会议资金的管理,在会议运作的过程中,既包括资金的流入活动,也包括资金的流出活动。本节将主要分析资金流入活动的特点,掌握资金流入活动的规律,使得在会议运作的各个阶段,都能够保证有充足的资金使用。资金流入活动的规律非常明显,主要集中在两个阶段,一个是举办会议的初期筹集会议启动资金;第二个是会议临近召开前的几个月会议的注册费收入。

5.3.1 筹集会议启动资金

筹集会议启动资金是会议全部资金活动的第一个阶段,也是最重要的阶段,正所谓"万事开头难"。从会议最初酝酿和策划时就开始有了资金支出,而会议本身的资金收入却要等到会议召开前的 3~4 个月,收到会议代表的注册费才会有。在漫长的会议筹备期间,必须要寻求到筹备会议的启动资金,这是会议面临的第一个财务问题。根据会议规模的大小不等,需要的启动资金也相差很大,举办中小型会议时,几万元的启动资金就很容易解决。如果会议规模达到几千人,筹备时间长达两三年,有的甚至达到七八年,整个筹备期间要使用几十万元甚至上百万元的启动资金,能否筹集到这样大量的启动资金将是会议能否顺利进行筹备的首要问题了。

1)筹集会议启动资金的原则

(1)满足筹备工作的需要

满足会议筹备工作的需要是筹集会议启动资金的重要原则。启动资金数额不足时会影响会议的筹备;而启动资金筹集得过多,超出筹备活动的需要也会造成资金的浪费。满足会议筹备的资金除了有数量的需求,还存在有资金供应的时间问题。因此,什么时间供应多少资金是决定资金筹集的前提条件。

(2)选择资金成本低的筹资渠道

举办会议除了使用单位的自有资金外,从其他渠道筹集的资金都是要求有一定回报的。会议要选择回报率低的资金使用,通常会议筹备资金少,使用的时间短,借用行政事业费则是最好的资金筹措渠道;但是如果使用资金多,几十万元甚至上百万元,会议的筹备时间又相对较长,最好的方式就是选择和专业会议管理机构合作来解决资金问题。

2)筹集会议启动资金的渠道

目前在我国举办会议时,会议启动资金通常从下列渠道筹集。

(1)行政事业费

若会议规模不大,筹备期间垫支经费不多的情况下,可向所在的主管单位提出申请,经批准后主办单位用行政事业费垫支;待会议结束后偿还即可。目前,在我国举办的大多数国际会议都是采取这种方法解决会议启动资金的。

（2）专业会议管理机构垫支

若是筹备几千人的大型会议，一般都会选择一个专业会议管理机构来承办会议。在选择专业会议管理机构的一个重要条件就是资金垫支能力。当然垫支的金额、用途、使用方式和还款的时间，双方都要经过认真的商谈，并要签订书面合同。专业会议管理机构可以给会议在整个筹备期间提供充足的启动资金，通常不计利息，因而在举办大型国际会议时，是首选的集资方式。

（3）企业的自有资金

目前，企业举办的各种会议，包括客户联谊会、产品介绍会、技术座谈会以及表彰奖励等方面的会议使用的资金，主要是来自企业的自有资金，是从企业税后利润中提取的。

（4）企业的资助

会议的启动资金也可选择企业赞助的方式。但这种方式比较适合于筹备期比较短的会议，很难想象一个企业在五六年前就开始给某一个会议提供大量的赞助。目前，在我国许多医学方面的会议经常采用这种方式获取会议启动资金。

（5）银行贷款

国外许多会议选择向银行贷款的方式解决会议的启动资金。由于是商业贷款，将来还款时要支付一部分利息。目前，在我国这种方式还不太普遍。

5.3.2　会议收入管理

1）会议收入管理构成

在会议临近召开的前几个月中，是会议收入的主要阶段，在这期间会议收到全部或部分收入。这就涉及会议收入的管理问题。会议收入主要由注册费的收入、赞助费的收入和其他收入构成。

（1）注册费收入

注册费收入是会议收入的主要来源。注册费的收取是一件相当复杂的工作，由于不同人员有不同的注册费收费标准，交纳时间不一致，交纳的方式也不一样，例如支票、银行或邮局汇款、信用卡等。因此注册费收取后，应反复核对无误，确定与会人员相对应的注册金额，最后还要给会议代表开具付款收据或发票等。

（2）赞助费的收入

通常能为会议提供赞助费的企业规模较大，企业机构管理层次相当复杂，因此需要反复催促，赞助款项才能到位。

（3）其他的收入

旅游收入等其他一些收入都要在会议结束后才能明确金额的多少，因此在此期间仅能估算出一个收入，而实际收入经常会有很大的差距。

2）会议收入的管理方式

在我国举办会议时为了方便会议代表，代表交纳的各项用途不同的费用都预先统一交到会议秘书处，然后再将某些费用转出。例如，住房费用转给宾馆，旅游费用转给旅行社。因此，在会议的各种收入中，代收代支的款项占了很大的比重，这是会议收入中很重要的一个特点。因此在管理中，要经常对会议的各项收入进行确认和时间上的界定。

5.4 会议的成本控制

举办一个会议可以简单地分为两大部分，前半部分是会议的筹备阶段，后半部分是会议的举行阶段。在这两个阶段中，对成本的控制内容也不完全相同。

5.4.1 筹备期间的成本控制

筹备期间发生的成本主要都是会议的固定支出，因而这一期间的成本控制也主要表现在对固定支出的控制。在漫长的会议筹备期间，支持会议能够顺利筹备的经费只有会议启动资金。因此，对启动资金的支出必须要严格控制，尽量降低会议成本是会议财务管理的工作重点。筹备期间产生的会议成本有活动费用、人工费用和管理费用，其中活动费用是最主要的。由于筹备期间的活动主要是印刷和邮寄会议公告，印刷费和邮寄费即是最主要的固定支出，通常这两项费用可以占到全部会议启动资金的70%左右，筹备大型国际会议时这两项费用经常可达到几十万元。财务管理人员要与会议工作人员密切配合，开拓思路、积极尝试，尽量控制和减少印刷和邮寄费用来降低会议成本。例如，在筹备第二十八届国际心理大会时，要给每个国家的心理学会邮寄会议注册通知书,通常的观念是认为采用航空邮寄的方法比较便宜,后经比较发现向欧洲各个国家采用快件邮寄大宗的印刷品的方式更加便宜,仅这一项活动就节省了几万元的邮寄费用。

5.4.2 举行期间的成本控制

会议举行期间的资金支出的比重最大,占到了会议总资金支出的70%左右。许多会议的运作过程中,在会议筹备期对资金支出控制得非常严格,而到了会议召开期间,由于各个方面的事物繁杂,往往开始忽视会议财务的管理,缺乏必要的成本控制,会议结束后才发现白白浪费了许多资金。在会议举行期间,特别是大型会议举行期间只要对某些项目稍加留意,几万元甚至十几万元的经费就会被节省。会议期间的支出是以可变支出为主,支出是与人数成正比。由于各种原因在会议期间举办的各种活动,人数变化大多数是遵循递减的规律,即实际参加活动的人数总是会比预订的人数减少一些,会议财务管理人员要有强烈的责任心和预见性,根据以往的会议运作的实际经验,及时做出调整,这是实行成本控制的最好的途径。以下是最有可能调整的几个项目。

1) 餐饮费

餐饮费是会议举行期间一项最大的支出,通常占到会议总支出的30%。餐饮费又是会议可变支出的主要部分,会议期间餐饮费的成本控制是最重要的环节。

(1) 招待会

会议招待会通常安排在会议的开始阶段,俗称为欢迎招待会。欢迎招待会如果安排在会议正式举行的第一天晚上,绝大多数的会议代表都会前去参加;若安排在注册日的晚上,由于各种原因会有相当数量的代表不能参加;特别是在举办国际会议时,由于国际航班的原因,通常会有20%~30%的代表有可能赶不上参加招待会。因此,要根据以往举办会议的经验估算出参加招待会的可能人数。2000年举办世界高分子大会时,预计参加会议的代表的总人数大约为1 150人,会议按总人数的80%,即预订920人参加招待会,实际参加招待会的人数为927人。

(2) 闭幕宴会

如果宴会票是要求参加者购买的,就不用担心人数的问题。如果宴会是包含在注册费中的,就一定要格外注意,通常闭幕宴会是安排在会议的最后一天。

许多代表由于各种原因会提前离会;为表示谢意而邀请的主管部门的领导和合作机构的负责人通常也不会前来参加这种宴会,因此一定要做好参加人数的判断,避免出现浪费。

（3）茶歇和午餐

由于会议遵循递减的规律,即参会的人数会越来越少,参加下午会议的人数会比参加上午会议的人数少一些;参加分组会的人数比参加大报告会的人数又要少一些。根据这种规律可适当递减每次茶歇和午餐的预订人数。

2）会场和设备

会议举行期间由于参加会议的人数越来越少,对会场和设备的及时调控也是成本控制的一项措施。

（1）会场的调整

由于每天参加会议人数的递减,有时会议还要将原预订的大会议室改为小会议室,或将原预订的比较多的分会场减少几个,这样的做法并不仅仅只是为了减少一些开支,主要是也要考虑到会议交流的效果,试想一个很大的会场只有几个人开会气氛是不会很好的。

（2）同声传译设备

同声传译的接收设备要发给每一个代表。会议通常是按代表人数向设备公司租用。但由于许多代表并不需要,也不在注册台办理借用手续,会议应将未使用的接收设备尽早返还给设备公司。在北京地区每个接收机每天的租金为人民币40元,若会期5天,每天多借100个就是2万元。

（3）影像设备

为了增加会议的交流效果,会议经常会使用大量的影像设备,包括多媒体投影仪、光学投影仪、幻灯机和录像机。具体到某一个会议到底需要选择哪些影像设备,需要认真地加以调查研究,选择不当也将会造成浪费。

3）工作人员的管理

会议业界人士经常会感到在会议召开最初的两三天内,有多少工作人员也不够用,但是随着注册和开幕式等重要活动完成后,对工作人员的需要就会越来越少。会议要根据实际情况不断减少会议工作人员,这样可以有效地减少人员成本;会议也尽量不安排工作人员的住宿,因为交通费比房费要便宜得多。会议日程要安排紧凑,进驻时间和撤离时间尽可能压缩,这都是减少工作人员和租用办公室费用的经验。

当然,会议期间的控制成本还有许多办法,会议组织者要有责任心、要善于总结经验,也需要会议服务经理的配合。如果各个项目的成本都能做到良好的控制,可节省10%左右的会议经费。

5.5　会议赞助

会议的主要收入来源是会议代表交纳的注册费,但当注册费不能完全承担会议支出时,会议主办者应该考虑通过会议的企业赞助来弥补会议经费的不足。在有的会议中,企业提供的赞助甚至超过会议注册费的收入。因此会议主办者应该对赞助给予高度重视,并安排专人负责。寻求会议赞助的方式多种多样,有的品牌会议或影响力较大的会议,自然会有赞助商找上门主动要求赞助,另外大多数会议则需要主办单位主动通过各方面的资源寻找赞助商。

5.5.1　会议赞助的方式

赞助形式分为经费赞助和项目赞助两大类。

1)经费赞助

经费赞助是指企业赞助会议一笔固定的费用,但不用指明费用的具体用途,由会议组织者全权支配。根据会议可能获得赞助的具体情况,可确定固定赞助费用的金额,有时还可设置不同金额的赞助标准,根据赞助费用的多少,分别命名为金、银和铜牌的赞助或钻石级、白金级、黄金级、最佳等荣誉称号。作为对赞助企业的回报,会议组织者要在会议的筹备和举办期间,提供给赞助企业各种活动机会,来宣传他们的产品,扩大企业的影响,如会议期间做新技术报告、演讲、提供免费展台、提供专业资料在会上散发等。

2)项目赞助

项目赞助是指企业对会议的某项活动或会议的某个用品提供专项的赞助。赞助的会议活动可以包括会议的开幕式、招待会、文艺演出以及宴会等主要活动,赞助金额既可以是该活动的全部费用,也可以是部分费用。所赞助的活动可以冠以赞助企业的名称,列入××之夜或××活动等。赞助会议的某项用品包括会议的资料包、会议论文集、参会指南等,甚至是会议使用的圆珠笔、饮料等。赞助的形式既可以是费用的赞助,也可以是实物的赞助,不管是哪种形式,赞助商都可以将自己的企业名称印制其上,宣传和扩大企业的影响力。

5.5.2 落实赞助项目

当会议主办方与会议赞助企业签订赞助合同后,作为会议的主办者,除了按合同规定的时间收到赞助款,同时也需要主办方落实企业赞助的相关条款,避免在会议进行中出现纠纷。

1)落实赞助企业,刊登相关信息

一般而言,赞助企业的信息会刊登在会刊上,而会刊的印刷都需要一定的时间,不能拖期,但是经常由于赞助企业的广告内容迟迟不能按时提交,致使整个文件的印刷都会被延期。出现这种现象的原因经常是由于赞助企业内部沟通的问题,因而会议的工作人员要提前落实。

2)落实免费人员的名单

要求赞助企业按期提交享受会议正式代表的全部待遇的人员名单也是一件不容易做的工作。这些人员有的是赞助企业本身的工作人员,有的是赞助企业邀请的客户,名单经常变来变去,有时即使在注册现场,赞助企业的参会人员还在变化,事先已经准备好注册材料的代表不来了,现场来的代表又没有任何注册信息,使得现场注册产生混乱。因此,尽快落实名单有利于会议接待注册工作顺利进行。

3)落实宣传资料

注册时要为赞助企业免费发放他们的宣传材料,一般都是要求赞助企业在规定的时间送到规定的地点。这也需要会议的工作人员不断地重复提醒。

4)落实实物赞助

实物赞助包括两种情况。第一种是由赞助单位制作,在规定时间送到指定地点。这里一定要提醒注意的是赞助的实物上印制的会议名称、时间和地点不能出现错误,否则将根本没有时间重新制作。同时也要求会议赞助企业一定要按时送交,对于这两点会议工作人员要不断提醒。第二种情况是赞助单位委托会议制作,问题就简单多了。只要双方与制造商共同商谈后,确定基本的款式、价格和数量,赞助企业直接付款给制造商,制造商将物品直接提供给会议。

5)落实其他的赞助活动

在会议进行的过程中,根据赞助合同,赞助企业可能安排了其他活动,要求会议主办者协助完成。作为主办方要积极协助,使赞助承诺得以顺利履行。如:相关推介活动、技术研讨等。

5.5.3　对赞助企业的感谢

赞助企业是在会议经费最困难的时候向会议提供经费支持,同时许多会议也是由于有了赞助费用才能保证会议不会出现亏损。因此,会议要努力创造尽可能多的机会来表示对赞助企业的感谢。

1)会议文件

通常在会议的所有主要文件上刊登对赞助企业的感谢,这些文件包括会议的注册通知书、程序手册、参会指南以及展览的会刊等,可将全部赞助企业列出,按赞助金额的多少排序,一般刊登在封三或封底的位置。有的会议也在文摘上对赞助企业进行感谢,但如果是正式出版的学术性比较强的论文全集,则很少刊登感谢之词。

2)会场内外

可在会议主要入口处搭建展板,在上面列出所有赞助单位进行感谢。有的会议将主要赞助单位的徽标印制在大会会场的主席台上的背景板上,进一步增强感谢效果。

3)会议活动

可以利用开幕式、开幕招待会、闭幕式或闭幕宴会等会议活动的机会,由会议的主要领导进行口头答谢。

4)颁奖活动

对于主要赞助者还可以颁发奖品。颁奖活动一般都放到闭幕式上,作为闭幕式的一个主要内容。会议组织者可根据会议的涉及领域和主题制作有特殊意义的纪念品。

5.5.4 其他赞助

企业的赞助虽然是会议的最主要的赞助来源,但会议还可以获得一些其他方面的赞助。

1) 政府机构的补助

目前,我国对能够促进国民经济建设和发展科学技术水平的会议是积极提倡召开的。因此,一些政府机构也会对这方面的会议提供赞助,会议要积极主动地联系,并按这些部门的要求办理有关补助申请手续。

2) 基金会的赞助

基金会也会对重大的会议提供费用上的赞助,我国的一些基金委员会每年都有专项资金赞助国际会议。海外也有一些基金会可以对国际会议提供赞助。

3) 国际组织的赞助

许多国际组织也对国际会议提供赞助,例如联合国的工发组织、粮农组织、教科文组织等,需要赞助的会议组织者要尽早联系,并按要求提供申请材料。

4) 私人赞助

在许多会议中,可以寻求社会名人名流对会议提供个人赞助。

本章小结

会议财务管理问题是会议运营管理过程的主要问题,涉及会议财务管理的目标、财务预算、会议资金管理、会议成本控制等诸多问题,会议财务问题运作的情况,将会在会议的各个环节中表现出来,影响会议目标的实现过程。因此必须格外加以重视。同时由于商业化运作会议的趋势,会议财务管理问题也将成为会议主办机构和专业会议公司自办或承办会议时进行可行性分析的重要因素。

复习思考题

1. 在会议财务管理中,控制会议成本主要从哪几方面入手?

2. 会议财务预测中,会议主办者主要完成哪些内容的预测?

3. 某会议的预算支出如下:会议申办费用 50 000 元;会议地点选择考察费用 10 000 元;会议室及会议设施费用 25 000 元;视听设备费用 8 000 元;特邀报告人的参会费用 20 000 元;办公设备费用 10 000 元;公关宣传费用 12 000 元;书面翻译费用 1 000 元、口头翻译及同声翻译费用 28 000 元;同声传译接收器租金 10 元/单元/爪,拟租借 3 个单元;工作人员人工费用 50 000 元;开幕招待会(会议开始前一天晚上举行,预计参加人数 100%)费用 80 元/人;一般晚宴 50 元/人;茶歇(上午、下午各一次)5 元/人;会议午餐 20 元/人;闭幕宴会(会议结束当天晚上举行,预计参加人数 80%)100 元/人;会议内容摘要(Abstracts)的印刷制作费用 5 元/本,会议资料汇编(Proceedings)的印刷制作费用 12 元/本,最终程序手册和会议指南的印刷制作费用 4 元/本,注册通知书的印刷制作费用 3 元/本,论文录取通知书、注册通知书等邮寄费合计 9 元/人;代表用品费用 25 元/人;服务费(按会议参加者人数计算)50 元/人;不可预见费按照会议总支出的 12% 计算,预计会期 3 天、会议参加人数 1 000 人,国外代表占会议总代表的 50%。请计算会议注册费应收多少?

实　训

实训 1　如何编写会议赞助计划

赞助计划是会议提供给企业的主要赞助文件。赞助说明计划主要包括对会议基本情况的介绍、赞助项目、金额以及付款方式等基本内容,以便使企业对会议有初步了解,进而确定是否对会议提供赞助。赞助说明书主要包括下列内容。

①会议的介绍。会议的介绍包括本届会议的背景,会议主办的意义和会议目的。如果是商业性的会议主要突出参加的国际和国内的代表人数,一般的企业会更看重国内参会代表的数量,因为,这些企业可以通过与国内会议代表的

联系在将来占领更大的国内市场。如果是学术会议则包括学科和会议的两方面的内容。学科的介绍是要让赞助企业了解本次会议涵盖的学科范围,大会学术主题和各个专业题目,特别是要介绍涉及的交叉学科和边缘学科的内容,这样可以扩大赞助企业的范围。为了进一步引起企业的兴趣,特别要强调本学科对实用科学技术的促进作用。

②会议举办的时间、地点、会议主办者及相关的协办单位名称。

③会议在社会上形成的影响,有关新闻媒体、网络等的宣传的报道,使企业对于在会议进行宣传、广告,推广品牌有足够的信心。

④赞助形式。可以分成不同的项目和档次,会议项目根据赞助费用的高低来确定不同赞助商的等级和获得相应的权利。

⑤赞助程序。当赞助商收到赞助说明书后,经过认真的研究,认为该会议有赞助价值时,一般会主动与会议组织者取得联系,选择并确定赞助项目、赞助方式、赞助金额和赞助要求。会议组织者也会设置一个赞助截止日期,来鼓励赞助商尽早与会议取得联系。当某个赞助项目的赞助商超过一个以上时,一般是按时间顺序先联系先确定的原则。

⑥付款方式。赞助费用既可以一次付清,也可以分期付款;既可以付外汇,也可以付人民币。不管使用哪种方式,赞助书上都要有明确的付款方式和付款要求。对国际会议的赞助通知书还可以编制中文和英文两种形式。这是因为通常对会议赞助金额比较大的厂商一般都是跨国公司,这些企业是否对会议提供赞助,赞助金额是多少,采取何种赞助形式,这些原则问题都不是在我国境内的分支机构有权决定的,他们都要向海外的公司总部请示,英文的赞助说明书都是作为附件和请示报告一同递交给公司总部。

案 例

2006 中俄贸易与投资洽谈会战略合作伙伴赞助计划

会议背景:

俄罗斯是中国最大的邻国,自然资源丰富,市场潜力巨大。中俄两国也是重要的经贸合作伙伴,中俄贸易总体呈现加速增长态势,双边贸易额从 1992 年不足 60 亿美元,增长到 2005 年创记录的 291 亿美元,两国边境地方经贸合作日趋活跃,企业界扩大合作的热情高涨。特别是两国政府间建立了完备、高效的合作机制,为促进合作深入发展提供了有力保障。当前,俄罗斯经济已经连续七年保持增长,内部经济日趋活跃,投资需求和项目多,经济发展空间大,对中国投资者来说无疑是一个很好的机会。"2006 中俄贸易与投资洽谈会"将于 2006 年 11 月在海南举行。本届大会是由中国商务部、中国国际经济合作学会、俄罗斯贸易部等单位联合组织并指导,由伟成兴业(北京)国际商务顾问有限公司及俄罗斯教育科学文化发展中心等单位协同国内外多家主流传媒机构共同承办并推广运作的合作峰会,会议宗旨是交流、合作、互动、发展,会议主题是"沟通并交流,合作同发展"。在此,组委会诚邀中国最具实力和前瞻性的企业、企业家,积极参与到"2006中俄贸易与投资洽谈会"中来,以合作、共赢的方式,共同推动中俄两国企业能够健康、可持续发展。除去大会自身的大规模宣传为赞助伙伴取得的效应以外,组委会将为赞助企业以及企业家制订契合的公共关系方案,从战略发展的高度,为企业的公众形象注入全新的活力,为企业形象的提升、企业业务拓展、企业公信力的提高做出实质性的贡献。本次大会不但引起社会各界的广泛关注,还得到包括中央电视台、人民日报、新华社、经济日报、新浪网以及国内顶尖期刊、报纸、网络等数家强势媒体的协作和支持。

- 会议理念:

特殊性:汇聚中俄商界精英,在沟通与交流中探讨发展之路,度身定造,为投资运营开启合作共赢之门

品牌性:打造卓越品牌合作盛会,引领中俄贸易与投资新视点

系列性:每年持续举办的合作峰会,中俄两国经贸合作的主题沙龙

扩展性:增强品牌影响力,打造对俄合作新视野

- 会议机构:2006 年中俄贸易与投资洽谈会组委会
- 会议时间:2006 年 11 月
- 会议地点:中国·海南

会议主题:中俄贸易与投资洽谈

会议宗旨:交流、合作、互动、发展

主办单位:商务部中国国际经济合作学会

承办单位:伟成兴业(北京)国际商务顾问有限公司、俄罗斯教育科学文化发展中心

协作媒体:中央电视台、人民日报、新华社、经济日报、中国经营报、中国企业报、中国市场报、中国商报、中华工商时报、中央人民广播电台、新华网、人民网、新浪网等

赞助理由：

这是中俄两国企业界举行的双边深入交流合作的盛会，也是中国企业进入俄罗斯市场之前树立企业品牌的大会。作为建立中俄两国大型投资合作的桥梁峰会，旨在汇聚中俄两国经贸合作力量，为国内外商界精英搭建一个交流合作互动沟通的平台。大会的顺利举办无疑将对中俄两国经贸合作的发展产生深远影响。本次洽谈会得益于社会各界的广泛支持和关注，同样，本次大会的顺利举办也需要社会各界的积极参与和配合。中央、地方、专业、行业媒体以及网络媒体将在会前、会中及会后对大会进行全方位报道，本次大会将成为社会各界关注的一个热点，无疑也是企业及社会各界提供赞助，提高知名度的一次良机。

会议赞助形式多样，各赞助单位可根据自身实力采取灵活多样的赞助形式。

赞助标准：

钻石级赞助商(仅限一家)：赞助五十(50)万元人民币

白金级赞助商(仅限二家)：赞助三十(30)万元人民币

黄金级赞助商(仅限三家)：赞助二十(20)万元人民币

协办支持单位(仅限十家)：赞助十(10)万元人民币

其他合作另行商议

参会人群：本次大会参会人员俄方60人，中方300人，具体人员构成如下：

国内外政府官员、资深人士　40位

国内外知名企业家　300位

媒体人员　20位

其他　10位

钻石级赞助商主要权益

项目说明：本次大会"钻石赞助商"

获益说明：

1. 在大会相关媒体(包括平面媒体、电视媒体、网络媒体的硬性广告及宣传报道)报道(软性宣传和硬性广告)显要位置出现赞助单位名称及 logo

2. 可获得10位以上的参会名额，大会所设展位位置优先挑选，并提供标准展位(3 m×3 m)2个

3. 获赠2个页面的《2006中俄贸易与投资洽谈会》会刊广告(其中有一个封底)

4. 可获赠《2006中俄贸易与投资洽谈会企业信息会刊》50本，峰会组委会可按其要求定向发行

5. 可获得5位赴俄罗斯商务考察名额

6.钻石赞助商高层领导可作为组委会执行主席身份参加活动,并安排在峰会开幕式上致辞 3~5 分钟

7.公司领导优先被介绍给峰会的重要嘉宾,优先享受会议提供的各种重要资源,优先利用会议创造的各种商机

8.会议背板显要位置显示赞助商名称,资料袋上印制企业名称或标志

9.茶歇期间播放企业宣传片不少于 10 分钟

赞助金额:50 万元人民币

赞助名额:1 名

白金级赞助商主要权益

项目说明:本届大会的"白金级赞助商"

获益说明:

1.白金赞助商名称在会议签到处、自助晚宴、大会演讲台、会议的背景板显著位置出现,版标面积 15 cm×5 cm,并在上述位置摆放易拉宝广告

2.获赠 2 个页面的《2006 中俄贸易与投资洽谈会》会刊广告

3.白金级赞助商高层领导安排在峰会上演讲 30 分钟

4.茶歇期间播放企业宣传片不少于 5 分钟

5.可获得 3 名赴俄经贸交流考察名额

6.提供标准展位(3 m×3 m)2 个

7.公司领导优先被推介给大会的重要嘉宾,优先享受峰会提供的各种重要资源,优先利用峰会创造的各种商机

8.在大会对俄的相关媒体报道(软性宣传和硬性广告)显要位置出现赞助单位名称及 logo

9.会议背板显要位置显示赞助商名称

赞助金额:30 万元人民币

赞助名额:2 名

黄金级赞助商主要权益

项目说明:本届大会的"黄金级赞助商"

获益说明:

1.可获赠《2006 中俄贸易与投资洽谈会会刊》20 本,会议组委会可按其要求

定向发行

2. 免费获得5名参会人员名额

3. 公司领导优先被推介给大会的重要嘉宾,优先享受峰会提供的各种重要资源,优先利用峰会创造的各种商机

4. 可获得2名赴俄经贸交流考察名额

5. 公司成为中俄经贸交流俱乐部战略伙伴和调研基地

6. 提供标准展位(3 m×3 m)2个

7. 会议背板显要位置显示赞助商名称,资料袋上印制企业名称或标志

赞助金额:二十万元人民币

赞助名额:3名

协办支持单位主要权益

赞助说明:本次大会"协办支持单位"

获益说明:

1. 会议的背景板显著位置出现协办单位名称

2. 单位或公司材料优先发放在显要位置

3. 可以获得40名参会的名额

4. 单位或公司领导可在大会主题论坛演讲3~5分钟

5. 会议背版显要位置显示赞助商名称

6. 提供标准展位(3 m×3 m)3个

赞助金额:10万元人民币

赞助名额:10名

附录 实物赞助单位种类:

酒　店:大酒店

服　装:大会指定专用服装

汽　车:大会指定专用车

交　通:航空公司特别赞助

食　品:大会指定专用红酒等

饮　料:大会指定专用矿泉水等

摄影器材:照相机、数码相机、数码打印机、数码摄像机、胶卷、电池

大会礼品:名表、酒、香水、雪茄、太阳镜、会员卡、旅游、手机、MP3 等

大会组委会联系方式:

我们诚邀贵公司参与本次大会赞助,请对以上赞助项目予以确认。具体合作事宜,请联系大会组委会,谢谢!

"2006 中俄贸易与投资洽谈会"组委会联系方式:

电　话:×××××××××××

传　真:×××××××××××

电子邮件:××××@sohu.com

联系人:×××

案例分析:

本次会议是一次双边的国际性的研讨会议,会议的档次和级别较高。在整个赞助计划中,对于会议的背景情况、会议的目的有了清楚的介绍,并对不同会议赞助项目等级、种类和内容做了清楚的说明,唯一不足之处是对于赞助企业未有明确的时间要求,这不利于鼓励赞助企业在一定时间内进行分析、判断,与主办者取得联系。

第6章
会议评估与会后工作

【本章导读】

本章主要介绍在会议运营管理中,会议结束后,作为会议组织者对会议举行的效果进行评估,介绍会议评估的作用,内容、时间、方法等,同时介绍会议结束后的结尾工作。

【关键词汇】

会议评估　会议评估的作用　会议评估的方法　会后工作

6.1 会议评估工作的概述

6.1.1 会议评估的作用

会议评估是一个收集有关会议目标实现情况的信息的过程,它不是一项做给人看的、例行公事的工作,有效的会议评估不仅能获得关于已经结束的会议质量的信息,而且更重要的是可以通过对已经结束会议的总结分析而获得会议的经验教训,从而对会议组织、服务的有关人员进行针对性的培训提高,使以后举办的会议的质量越来越高。会后工作不容忽视,会后工作的好坏能体现出会议运营管理的水平。

1)检查会议目标是否实现

会议组织者在做会议计划时制订的会议目标有否实现了? 实现得如何? 通过会议评估可以了解这一点。

2)看看与会者是否满意

与会者对会议的内容等各方面的工作是否满意以及满意的程度如何,是会议成功与否的主要指标,它关系到以后同系列会议能否继续举办的问题。通过会议评估,可以对这一点有一个量化的了解。

3)明确会议的成功与不足之处

通过会议评估,明确会议的成功之处有哪些,会议的不足之处在哪里,从而为以后组织、举办会议提供借鉴的经验与教训,使以后的会议举办得越来越好。

4)为写会议的总结报告准备材料

如果是帮助会议客户组织会议,那么,在会议结束后会议组织者必须写一个会议总结报告交给会议客户。如果是自己组织会议,在会议结束后也需要一个会议总结报告来总结会议的得失。会议评估的结果是会议总结报告的重要内容,会议评估也为写好会议总结报告打下了基础。

6.1.2 会议评估的内容

(1)会议议程及会议主题、议题的恰当性

①会议的宣传促销活动是否明确了会议的主题?

②与会者参加会议前是否了解会议的各个议题?

③会议的主题是否具有现实意义?

(2)会议议程安排的合理性

会议议程安排的合理性是会议评估的重要对象,因为,会议目标的实现是通过会议议程的安排来进行的,而与会者的参与也受到会议议程的影响与限制。对会议议程的评估主要集中在:

①会议议程是否有助于会议目标的实现?在多大程度上?

②会议议程的安排是否紧密围绕会议的主题?

③会议议程之间是否很好地衔接?

④会议议程各个部分的先后顺序是否恰当?

⑤会议议程是否显得拖沓冗长?

(3)会议发言人选择的得当性

①会议发言人发言的内容是否切合会议主题?

②会议发言人发言的内容是否丰富?

③会议发言人及其发言是否有吸引力?

(4)分组讨论的充分性

①分组讨论是否热烈?

②与会者是否有较充足的发言机会?

(5)会议各项活动

①会议的欢迎宴会、欢送宴会是否得当?

②参观、访问、游览活动安排的合适性?

(6)会议场所设施、服务与环境

①会议场所的音响效果如何?

②会议场所的温度、湿度、照明度是否适合?

③会议场所的同声翻译设备的质量是否过关?

(7)会议场所指引系统的完美性

①与会者是否很顺利地找到会议场所?

②会议场所的指引标志是否漂亮?

(8)会议饮水服务的质量

(9)会议的茶/咖歇服务质量

(10)会议的同声翻译质量

(11)会议的环境质量

(12)会议住宿、餐饮

①会议指定宾馆离会议场所的距离是否够近?
②会议指定宾馆的硬件设施如何?
③会议指定宾馆的服务水平有多高?
④与会者是否能安静地休息?
⑤食品、饮料的质量如何?
⑥餐饮服务的水平如何?

(13)会议目的地旅游景点的吸引力

(14)会议目的地的形象

(15)会议宣传促销工作的成效

(16)会议接待工作的质量

①会议的注册(报名)工作是否顺利?
②会议接待工作人员的效率高不高?
③会议接待人员的态度好不好?

(17)总体

①与会者对会议的总体印象如何?
②会议对与会者的价值有多大?
③会议达到/高于/低于会议者的期望值吗?
④与会者是否愿意参加下一次会议?

6.1.3 会议评估的时间

对一个事件评估的最佳时机是在该事件刚刚结束的时候。对于小型的会议,这比较好办,会议工作全部结束时进行会议评估就是了。但对于大型的会议来说,一次会议不仅有大会,还有多个分组会议,和各种参观、访问、游览等活动,可能有些与会者参加完大会和某个分会或活动后就走了,如果在会议全部结束后再进行会议评估,很多与会者就无法参加会议的评估了。所以,大型会议的评估可以分阶段、分活动进行,在会议进行到一定阶段,大会结束或某个分会、活动结束后立即对刚刚过去的事件进行评估。这样,大型会议的评估结果就比较全面了。

6.1.4 会议评估的方法

1)问卷

调查问卷是最常用的会议评估的有效方法。问卷设计者把要评估的各方面的问题列举出来,每个问题后面给出几个评价性的术语,评估者只要从中选择一个或几个打"√",最后再写几句意见或评论就可以了。它对于会议评估者来说简单易行,只需花很少时间就能完成,因而广受欢迎。

调查问卷可以通过以下几种方式进行:

①手工填写。即把调查问卷用纸印刷出来,在适当的时候发给评估者,请其现场手工填写。

②电脑填写。即把设计好的调查问卷放置在电脑中,请评估者现场在电脑上填写,所有评估者填写完毕后,电脑即可统计出调查问卷中量化的部分。

③会后电脑填写。会议结束后,把调查问卷发到评估者的电子信箱里,请评估者在规定的日期内填写后E-mail回复给评估组织者,评估组织者收集后再进行处理。

2)面谈

会议结束时邀请部分调查对象集中或分别面谈,征求他们对会议的意见和评价。这种方法只能对会议进行定性评估。

3)电话调查

会议结束后打电话给调查对象,征求他们对会议的意见,并请他们对会议做出评估。这种方法也只能对会议进行定性评估。

4)现场观察

在会议现场和各个活动过程中派人观察会议和各个活动进行的情况,并观察与会者和活动参加者的反应,从而做出对会议的评估。

5)述职报告

会议结束后,要求每个会议工作人员对自己在会议的整个过程中所做的工作做出述职报告。这可以从一个侧面了解会议的情况,对会议进行评估。

6.2　会后工作

会议结束后,除了作为会议接待工作中提到的会议送站等服务工作之外,还有一些零碎的后续工作要做,这些工作虽不像会前会中工作那样重要,但也是不容忽视的,正是在这些细节的操作方面,才能体现出会议运营管理的高水平。会后工作做好了,会议才算圆满结束。一次会议的圆满结束,预示着下次会议将会有一个良好的开端。

6.2.1　完成会后结尾工作

会议返离工作结束之后,作为会议主办者还需要完成会议评估和总结,并完成会议经费的决算,以及会议场地、设备租用、餐饮住宿、交通等费用的结算和支付,如果是政府行政经费开支或补贴的会议,应按照会议经费管理的办法,完成经费报销等财务手续。

6.2.2　完成会后文件整理和发放工作

有许多会议,会议后需要贯彻会议精神,因此,会议材料对与会者非常重要。会议资料应尽量在会议召开期间整理好并发给与会者,工作人员应及时整理领导讲话、会议决定之类的材料,争取在会议结束时分发给与会者,不然只能尽快分送或邮寄给与会者。会议资料常见的是领导讲话、会议决定、交流学习材料等,对于与会者相互不熟悉,且今后可能联系的会议,应印制会议代表的通讯录,通讯录整理会议报到登记表即可完成,初稿完成后可用会议间隙由与会者检查是否有误,确认无误后及时发给与会者,以便他们之间沟通,加深了解。会期较短的,也应在会议结束前发给与会者,这样做既可提高效率,又避免会后寄送。同时对于会议重要的文件、资料、音响视频等材料,应立卷归档长期保存下来,以备使用。如果有的会议安排与会者合影留念,合影照片应及时洗出送给与会者,这也是体现会议效率的一个缩影。

6.2.3 印发会议简报、会议纪要和会议决定事项通知

会议简报是用简练的文字及时向上级领导同志反映情况、向与会同志通报情况的一种文件形式。会议纪要是在会议记录的基础上加工整理而成的一种公文形式,是传达贯彻党和国家的方针政策、指导工作、解决问题、交流经验等的重要工具。会议决定事项通知是将会议内容、决议等传达给有关单位的一种公文形式。党政机关召开的日常工作会议一般均产生会议纪要,并需印发会议决定事项通知。有些专业性工作会议也产生纪要,如农村工作会议纪要。

6.2.4 进行会议工作总结

会议结束了,要对会议的方方面面进行总结,写出一份会议总结报告。如前所述,不管是帮助会议客户组织会议,还是自己组织会议,在会议结束后,都需要一个会议总结报告来向会议客户或领导汇报会议的各项工作,总结会议的成败得失。

会议评估的结果既是会议总结报告的基础,也是会议总结报告的重要内容。除此之外,还要对会议筹备期间的组织、营销宣传、论文征集录取、预先注册、资金筹措、资金管理等各项工作进行总结;还要对会议现场注册、现场接待、现场协调、会议专业活动情况、会议社会活动情况、会议餐饮活动情况等工作进行总结;还要对会议结束后的收尾工作、会议评估工作、财务结算工作等进行总结。

6.2.5 感谢方方面面对会议的帮助和支持

1)感谢与会者的参会

与会者能来参加会议是对会议的最大支持,没有与会者,我们组织会议就毫无意义,我们所做的一切工作都成了无用工。所以,首先应该对他们表示感谢。绝不能在邀请他们参加会议时热情有加,而在他们交了注册费、参加完会议之后就视同陌路。在会议闭幕时,就要集中对与会者表示感谢;在与会者离去后,还应通过一定的方式再次对他们表示感谢,欢迎他们参加以后的会议(如果是系列会议的话)。

2）感谢会议嘉宾、主持人、发言人、演讲者的与会

会议嘉宾、会议主持人、会议发言人、会议演讲者是会议的卖点，他们的到来为会议带来了一定数量的会议参加者，他们的发言、演讲、讲话是会议产品的重要组成部分。所以，应该对他们表示深深的谢意。

3）感谢政府有关部门的支持

一次成功的会议离不开政府有关部门的支持，包括精神上的支持（例如公开表态对会议的申办、举办的支持）和物质（例如对会议进行财政补助）、政策（例如对会议的境外与会者给予签证绿色通道待遇）和行动上（例如为会议提供安全保障）的支持。所以，在会议结束时应对政府有关部门和有关人员表示感谢。

4）感谢协办单位、赞助单位的支持

协办单位为会议举办提供某些方面的帮助和支持，赞助单位为会议的举办提供财力或物力上的支持，他们的帮助和支持使会议能够顺利地进行。所以，也应对他们表示衷心的感谢。

5）感谢其他单位或其他个人的支持

所有对会议的举办提供支持和帮助的单位都不能被忘记，都应表示感谢。

6）感谢的方式

①打电话；
②发 E-mail；
③寄信；
④赠送礼品、纪念品。

6.2.6　感谢会议工作人员的辛勤工作

举办一个会议，从申办、筹备到会议开始举行、举行过程中、会议结束以及会议的评估和会后工作，这个过程，短则半年、几个月，长则三年、五年，会议工作人员从无到有，从少到多，他们经历了会议运作的酸甜苦辣，特别是在会议快要开始到会议举行期间这段时间，会议工作人员更是忙得没日没夜、废寝忘食，

其中的辛苦只有亲身经历过的人才能体会得出。所以,在会议结束的时候,应该对会议工作人员进行慰劳和感谢。感谢的方式有:

(1)召开庆功宴会

会议结束后,召开一个庆祝会议圆满结束的宴会,请所有的会议工作人员——筹备人员、主办单位人员、协办单位人员、承办单位人员、现场接待人员(包括临时接待人员)、技术人员等参加,在宴会开始的时候,会议组织的领导者讲话,对大家表示感谢,对大家的辛劳表示慰劳,使大家的辛劳能够得到精神上的安慰。

(2)发放会议补贴

会议预算应该有会议补贴这一项,在会议结束时,根据工作量的大小和工作质量的高低以及责任的轻重,给每位工作人员发放一定的现金作为对大家为会议辛劳工作的补贴,使大家的辛劳能够得到物质上的安慰。

(3)赠送会议礼品

发放给与会者的会议礼品、纪念品也可以发给会议工作人员,特别是那些第一次参加会议工作的临时工作人员,使他们对参加这次会议工作留下永久的纪念。

6.2.7　进行会议工作总结

会议结束了,要对会议的方方面面进行总结,写出一份会议总结报告。如前所述,不管是帮助会议客户组织会议,还是自己组织会议,在会议结束后,都需要一个会议总结报告来向会议客户汇报会议的各项工作,总结会议的成败得失。

会议评估的结果既是会议总结报告的基础,也是会议总结报告的重要内容。除此之外,还要对会议筹备期间的组织、营销宣传、论文征集录取、预先注册、资金筹措、资金管理等各项工作进行总结;还要对会议现场注册、现场接待、现场协调、会议专业活动情况、会议附设展览活动(如果有的话)、会议社会活动情况、会议餐饮活动情况等工作进行总结;还要对会议结束后的收尾工作、会议评估工作、财务结算工作等进行总结。

本章小结

会议评估与会后工作是会议运营管理中最后阶段的工作。在会议结尾时，进行会议评估，有助于会议主办者对于会议目标和实际过程进行对比和分析，总结经验、分析不足、以利于将来再次举办会议时，取得更大成功。完成会后工作，给会议划上圆满句号，还可避免会议中出现"虎头蛇尾"的结局，使会议主办者与会议参与者都感到会议有始有终，成为难以忘记的一届会议。

复习思考题

1. 对会议进行评估的作用是什么？
2. 在会议结束后，会后工作涉及哪些方面的内容？
3. 在会议结束后，作为会议主办者需要对支持会议工作的哪些人士表示感谢？感谢的方式有哪些？
4. 设计一份专业学术会议的调查问卷，要求设计问卷调查目标信息明确，简单明了，能够迅速反映与会者对于会议的评价。

实 训

实训 1 如何编写会议纪要

会议纪要通常由标题、正文、主送、抄送单位构成。标题有两种情况，一是会议名称加纪要，如《全国农村工作会议纪要》。二是召开会议的机关加内容加纪要，如《省经贸委关于企业扭亏会议纪要》。

会议纪要正文一般由两部分组成。

(一)会议概况。主要包括会议时间、地点、名称、主持人、与会人员、基本议程。

(二)会议的精神和议定事项。常务会、办公会、日常工作例会的纪要，一般包括会议内容、议定事项，有的还可概述议定事项的意义。工作会议、专业会议和座谈会的纪要，往往还要写出经验、做法、今后工作的意见、措施和要求。

会议纪要格式及写法有固定形式。

会议纪要一般分两大部分。开头第一部分一般应写明会议概况，包括会议进行的时间、地点、届次、组织者、出席和列席人员名单、主持人、会议议程和进行情况以及对会议的总体评价等。第二部分是纪要的中心部分，反映会议的主要精神、讨论意见和议决事项等。根据会议性质、规模、议题等不同，大致可以有以下几种写法：

1.集中概述法。这种写法是把会议的基本情况，讨论研究的主要问题，与会人员的认识、议定的有关事项(包括解决问题的措施、办法和要求等)，用概括叙述的方法，进行整体的阐述和说明。这种写法多用于召开小型会议，而且讨论的问题比较集中单一，意见比较统一，容易贯彻操作，写的篇幅相对短小。如果会议的议题较多，可分条列述。

2.分项叙述法。召开大中型会议或议题较多的会议，一般要采取分项叙述的办法，即把会议的主要内容分成几个大的问题，然后分别注明标号或小标题，分项来写。这种写法侧重于横向分析阐述，内容相对全面，问题也说得比较细，常常包括对目的、意义、现状的分析，以及目标、任务、政策措施等的阐述。这种纪要一般用于需要基层全面领会、深入贯彻的会议。

3.发言提要法。这种写法是把会上具有典型性、代表性的发言加以整理，提炼出内容要点和精神实质，然后按照发言顺序或不同内容，分别加以阐述说明。这种写法能比较如实地反映与会人员的意见。

实训 2　如何编写会议简报

会议简报是党政机关、人民团体、企事业单位广泛使用的一种比较特殊的文种。它可以用于汇报工作、反映情况、指导工作、交流经验、传递信息。会议简报是较大型和重要的会议用来专门报道、交流会议重要内容、进展情况,反映与会人员意见和建议的一种文字形式,能起到引导会议健康发展的作用。写作要点:会议简报通常由报头、报身(正文)、报尾三部分构成:

(一)报头

同其他简报一样,多有一套专门设计的固定版式。上面正中用醒目大字标明简报名称,报名下面要标明编印机关、印发日期、编号。简报名称可由会议会称和文种类别(简报)组成,也有的只标"会议简报"字样。编号常用括号标在标题正下方靠近标题的地方。

(二)报身

又称正文,是会议简报的主体。会议简报正文的写法,要根据具体情况来定,通常大致有 3 种:

第一种为综述法。由编者采集各方面的言论、意见加以概括而成,相当于一份会议的综合报道,将会议的进程、出席情况、会议的发言和议程等,全面加以反映。第二种是重点报道法。重点反映会议的某个重要报告的内容、小组讨论情况或一个与几个人的发言等。第三种为摘要法。摘录代表发言的概要,供与会者参阅。

(三)报尾在简报最后一页的下方,注明主送单位或个人姓名、抄送单位、增发单位和印发份数。

会议简报的编写,要求及时、简明,抓住具有指导意义、能引导会议健康发展的内容加以报道。当然,涉及各级机密事项的内容不应随意报道。

实训 3　如何组织闭幕式

精心策划的闭幕式能使人留下难忘的印象。闭幕式中的签到、介绍领导人和来宾、宣布仪式开始等程序与开幕式基本相同。不同的程序主要是:

1. 举行工作性会议,由主办单位的领导人致闭幕词。闭幕词一般要对会展活动进行总结,对会议精神的贯彻落实提出要求和希望,最后宣布会议或者活动圆满结束。

2. 党的代表大会闭幕时应奏并齐唱国际歌。

3. 赛事和评选活动的闭幕式要宣布比赛成绩和名次以及评选的结果,并举行颁奖仪式。

4. 系列性活动或系列性会议的闭幕式常常举行交接仪式,由本届主办单位向下届活动的主办单位移交象征性物品或造型,如火炬、旗帜、钥匙等。

5. 如果开幕式上举行升会旗仪式,那么闭幕式应当相应地举行降会旗仪式。

6. 节、展、月等大型活动,闭幕式后还可以举行文艺和体育表演,以示庆祝。

7. 文艺类活动的闭幕式可以采取晚会的形式和程序。

案 例

××××会议评估表

一、评估标准及说明

1. 本评估表以指数值从十大方面进行评定。指数值最高定为 6 分(避免中间分的出现),依次根据满意度或分值由高到低递减为 5 分、4 分、3 分、2 分和 1 分,请您根据实际情况将指数值填到□内。

2. 评估项目中的问答性内容请直接填到划线处。

3. 如果您在评估表中有不同的想法或提议,请您不吝笔墨留言于评估末后的二、9"意见和建议"处;如果评估过程中您有什么疑问,欢迎及时提出。

4. 您的评估就是对我们一种工作上的肯定与支持,同时也是对我们工作的监督和指导,感谢您的参与,我们将根据您的需求和意见及时对会议的安排做出更好的补充完善和改进,也希望能为下一届研讨会提供参考。

二、评估内容

1. 后勤工作:

会前接待工作的满意指数　□分　　餐食安排的满意指数　□分

住宿安排的满意指数　□分

会议期间茶水供给的充足准时到位程度　□分

2. 会议形式:

所采用的会议形式合适主题讨论的程度　□分

会议形式对于会议有促进作用指数　□分

3. 议程安排与组织情况:

时间安排的合理得当指数　□分　　主题内容的充实合适指数　□分
会议流程的合理有序指数　□分　　会议主持的主持效果指数　□分
会议进度控制有效性指数　□分

4. 会议特色和经验：

您认为我们举办得有特色吗？_____（如果没有请转到下一问）

如果是，您认为我们的特色相对于其他形式或同上一届比较在于哪（些）方面？

_____

您认为我们能够提供什么经验（如果有）？

_____

5. 主题的深入性与切合度：

主题探讨的深入程度指数　□分

会议过程中有没有出现主题偏离的情况？_____（如果没有请转到下一问）

该偏离出现在哪（些）方面？

_____

您认为对于大学生现在的环保实践来说，主题切合实际的程度　□分

我们讨论的内容如果付诸实践，您觉得可行系数值为　□分

6. 会议册的效果评价：

您认为会议册的排版格式美观性的指数为　□分

您认为会议册的信息量充实程度和有效性的指数为　□分

您认为会议册对于您能够提供帮助的指数为　□分

会议册还有哪些方面需要补充？

_____

7. 代表及各界反应（此处打分为外界的反应，按反应的强烈性与广泛性依次由 6 分到 1 分递减）：

您认为您身边的代表对此反应程度指数为　□分

××其他组织机构（新闻媒体、政府部门、公益社团等）的反应程度指数为□分

社会群众（包括××市民）的反应程度指数为　□分

8. 总体效果评估：

您认为本次会议的总体效果指数　□分

会议的气氛活跃融洽指数　□分

对于您来说，会议的满意指数　□分

会议的目标和成果的达成程度指数　□分

_____

_____

9.关于本评估表的意见和建议：

如果上面所述还有我们想不到的适用于或必不可缺的会议评估要素,或者您有一些建设性的意见和观点,请您在下面留言

_____

_____

_____

10.会议展望：

您认为下一次会议应该讨论哪一方面的主题?

_____

您认为下一次会议应该采取什么样的形式?

_____

您认为下一次会议应该具备何种基础和条件才适合召开?

_____

如果下次会议由贵组织主办,您认为贵组织会如何筹备?

_____

案例分析：

本次会议评估采用"打分"评价,使会议主办者能够更直接了解与会者参与会议客观的情况,同时对于会议建议和意见以及对下一次会议举办的展望的预设问题,使与会者感觉到被重视和关注,并愿意将下一次会议的期望和思考表达出来。对于会议主办者而言,将更清楚会议与会者将来参加会议需求,有针对性地做好下一次会议的策划和准备。

参考文献

[1] 谭红翔.会展营销与筹办实训[M].北京:中国劳动社会保障部出版社,2006.

[2] 肖庆国,武少源.会议运营管理[M].北京:中国商务出版社,2004.

[3] 天虹.会议管理实务[M].北京:中国纺织出版社,2005.

[4] 向国敏.会展实务[M].上海:上海财经大学出版社,2005.

[5] 魏中龙,段炳德.我为会展狂[M].北京:机械工业出版社,2003.

[6] 罗烈杰.会议务实[M].深圳:海天出版社,2003.

[7] 佟子华.高效率会议组织技巧[M].广州:广东经济出版社,2004.

[8] 〔英〕罗宾森(Robinson,A),等.会议与活动策划专家[M].北京:中国水利水电出版社,2004.

[9] 马金生.组织会议的方法与艺术[M].北京:海潮出版社,2001.

[10] 〔英〕Tony Rogers.会议的组织管理与营销[M].沈阳:辽宁科学技术出版社,2004.

[11] 〔美〕伦纳德(Leonard Nadlrr),泽西·纳德勒(Zeace Nadler).成功的会议管理——从策划到评估[M].北京:机械工业出版社,2003.